国家自然科学基金资助项目（70972065）

国家自然科学青年基金资助项目（71302021）

教育部人文社会科学研究一般项目（11YJC630178）

战略联盟
稳定性、破缺性与演化实证

宋波　徐飞　著

Theoritical and Empirical Study
on Stability, Breaking, Evolution
of Strategic Alliance

格致出版社　上海人民出版社

序　言

　　在经济全球化竞争加剧以及现代科技高速发展和产品日益复杂化的环境下,企业战略联盟合作形式倍受企业家青睐。企业战略联盟作为一种新的现代企业组织形式,被众多当代经济学家视为企业发展全球战略最迅速、最经济的方法,已经成为现代企业获取竞争优势的重要手段,并被誉为上世纪以来最重要的组织创新。然而,实践表明企业战略联盟具有高度不稳定性——联盟的不稳定性不仅限制了战略联盟的进一步发展,而且导致了战略联盟的高失败率。长期以来,对联盟稳定性、破缺性及其演化性的研究,成为学界和业界共同关注的焦点。

　　以往,企业战略联盟稳定性和演化机理的理论研究,主要基于博弈论、合同理论和组织理论等经济学视角。本书运用自然界演化中最普遍、最基本的原理,首先从对称与非对称视角出发,分析企业战略联盟的非对称性质及其在非对称视角下战略联盟的形成,构建战略联盟稳定性的非对称作用机理;在此基础上,运用博弈论模型探析战略联盟演化的稳定性问题。其次,结合战略联盟的系统性特征,引入自发性对称破缺概念,基于战略联盟演化中稳定状态的转变,利用马尔科夫状态转换模型,揭示战略联盟演化过程中自发性对称破缺机制。再次,构建战略联盟自发性对称破缺及演化机制的概念模型,并通过问卷调研,收集数据进行实证统计分析,检验联盟破缺机制及其对联盟演化的影响。最后,通过对假设检验结果的解释及讨论,为现实世界战略联盟的合作提供相应的理论支撑和政策建议。

具体而言,第1章从非对称性视角诠释战略联盟合作,探讨企业战略联盟形成的本质动因;阐述自然界最普遍存在的非对称与对称之间的对立统一关系及其相互转换的螺旋渐进过程;从物质、信息、能量三个维度,研究企业战略联盟的非对称性,并从联盟定义、耗散结构理论和资源依赖理论的角度,揭示企业战略联盟形成的本质动因。第2章在界定战略联盟稳定性内涵基础上,梳理不同流派对影响战略联盟稳定性因素的研究,构建战略联盟稳定性的非对称作用机理;采取改进的"鹰鸽博弈"模型,刻画现实中联盟成员能力的非对称性,探讨非对称性视角下战略联盟合作的稳定性问题。

受自然科学和系统科学中对称破缺思想的启发,第3章引入与系统演化密切联系的自发性对称破缺概念,并将战略联盟视做一个复杂的社会经济系统,从时间、空间、物质、信息和能量五个维度,描述战略联盟系统的状态。同时,将马尔科夫过程的状态随机转换模型,引入战略联盟状态迁移的研究,深入阐述联盟自发性对称破缺机制,从而预测联盟的平衡状态,为战略联盟演变及稳定性的研究提供新的理论视角。第4章继续在自发性对称破缺视角下探讨企业战略联盟演化以及联盟稳定性,分析战略联盟演化的系统动力。笔者将战略联盟演化的自发性对称破缺纳入"心理—行为—收益"破缺的分析框架,这一框架是后文构建实证分析概念模型的重要基础。

第5—9章的实证分析是本书的重点研究内容。第5章构建了针对战略联盟演化和自发性对称破缺实证研究的概念模型,提出了相应的研究假设。第6章主要介绍实证研究过程中问卷设计、量表设计、抽样以及相关研究方法。第7章针对回收的调研问卷数据进行处理,检验数据的质量,通过问卷项目分析,检验问卷量表的效度和信度,确保本项研究的科学性。第8章运用回归分析方法,对概念模型中涉及联盟演化机制和破缺机制的直接作用、互补作用和调节作用进行检验。第9章结合战略联盟合作理论和实践,对实证分析的假设检验结果展开解释及讨论,为现实联盟合作实践提供理论支撑和实践指导。最后一章对全书整体研究工作进行全面概括,总结全书主要研究结论,展望未来关于企业战略联盟自发性对称破缺的进一步研究方向。

本研究沿用《企业战略联盟的演化机制:基于自发性对称破缺视角》(高杲和徐飞,2012)架构的"心理破缺—行为破缺—收益破缺"理论框架,结合战略联盟实践,构建联盟演化实证研究的概念模型并提出相关研究假设。在此基础上,从"速度、幅度、方向"三个维度刻画战略联盟的演化,进一步丰富战略联盟的演化理论。其中,高杲和徐飞(2012)提出的关于战略联盟自发性对称破缺演化机制的理论观点,在本书实证研究中得以检验。实证研究的结论对于指导企业战略联盟的管理实践、提高联盟合作效率及稳定性,具有十分重要的现实意义。

本书的完成是课题组团队合作的结果。高杲博士前期在自发性对称破缺视角下探讨的战略联盟演化机制,为本书战略联盟破缺及演化的实证研究奠定了坚实基础;秦玮博士研究的产学研联盟企业动机、行为和绩效关系,对本书实证分析框架具有启示意义。博士生任政亮在系统科学观下对战略联盟稳定性和自发性对称破缺机制的探讨,以及曹玉龙硕士对非对称视角下战略联盟成因及稳定性的研究,都对我们的研究贡献良多。课题组成员刘娴、特日昆、曾知、陆悦、朱宏印、王雯、单保颖等,积极参与课题研究,在此对他们的智慧贡献,特别是在问卷调查、数据录入、文稿校对等方面的艰辛付出,一并表示诚挚的感谢。另外,本书受国家自然科学基金项目(70972065,71302021)和教育部人文社会科学研究项目(11YJC630178)的资助,在此也谨致谢意!

徐 飞

目 录

第1章 战略联盟及其成因

1.1 引言

战略联盟是指两个或两个以上的企业或跨国公司为了达到共同的战略目标而采取的相互合作、共担风险、共享利益的行动,这种行动使有关企业得以发展并建立一种相对稳固的合作伙伴关系(徐飞,2009)。从以往的研究来看,国内外战略学者主要集中于从交易成本理论、资源理论、组织学习理论以及社会网络理论、商业生态系统理论等战略前沿理论分析战略联盟的性质,且国内外战略学者更是一致地主要从以下视角探讨了企业战略联盟的内涵及成因:一是理论视角。Eisenhardt 和 Schoonhoven(1996)、汪涛等(2000)、刘建清(2002)、吴琨和赵顺龙(2009)基于资源能力理论阐述了企业战略联盟的形成动因,Yasuda(2005)基于资源能力和交易成本理论运用比较研究法分析了高科技行业战略联盟的形成,王菁娜和韩德昌(2007)、徐小三和赵顺龙(2010)从知识能力视角研究了技术联盟的形成动因,Nielsen(2003)、巫景飞(2007)通过问卷调查对企业战略联盟动因进行了探索性的实证分析。二是联盟形式。魏然(2000)、张娜等(2006)研究了 R&D 战略联盟形成的经济学动因,隋波和薛惠锋(2005)从新的视角研究了战略技术联盟成因,Wang 和 Nicholas(2007)研究了中国非股权形式的战略联盟的形成和演化,邓锐和徐飞(2007)研究了产学研联盟的形成动因，曾德明等(2008)研究了技术标准联盟契合的动因，宋波和徐飞(2009)研究了动态联盟的形成动因。三是行业视角。O'Farrell 和 Wood(1999)基于客户导向研究了服务业战略联盟的形成，Saffu 和 Mamman(2000)以澳大利亚大学为例介绍了大学国际战略联盟的形成，Bronner 和 Mellewigt(2001)、韩江卫(2010)研究了电信企业战略联盟的动因及特点，余江等(2004)研究了通信行业内标准竞争中企业战略联盟动因，黎群(2005)、Flores-Fillol 和 Moner-Colonques(2007)研究了航空公司战略联盟形成的经济动因，Pansiri(2009)则研究了旅游行业联盟形成的战略动机。

本章以新的视角和思路解读企业战略联盟的内涵及形成，运用自然界演化发展的最普遍、最基本的原理，从对称与非对称视角，分析企业战略联盟的属性和非对称性，进而提出非对称性视角下企业战略联盟的形成动因。

1.2 对称性与非对称性

1.2.1 对称性

对称的概念及思想自古就有：从基于整数比例关系的对称的古希腊，到"数是万物始基"的毕达哥拉斯，再到"宇宙是以地球为中心的中心对称"的柏拉图。对称思想在人类发展史上起着重要的引导作用，吸引人们不断探索自然界的奥秘，提高对自然界深层的认知。著名物理学家爱因斯坦广义相对论的建立，就运用了局域对称等效原理。对称性的思想对于杨振宁的重大发现也起到了重要的作用，他曾以"20世纪物理学的主旋律：量子化、对称性和相位因子"为题做专题报告。

在现代物理学中，对称性是一个核心概念，它是指一个理论的拉格朗日量或运动方程在某些变量的变化下的不变性，是一个系统的一组不变性。对称性可以是连续的，也可以是分离的，或者是更一般的，或者抽象的。如果这些变量随时空变化，这个不变性被称为规范对称性(局域对称性)，反之则被称为整体对称性。狭义相对论就是关于时间对称性和空间对称性的理论,其中,时间延缓以及长度收缩可通过四维不变量及对称性来理解。对称性在物理学中另一个完美的结论就是,如果一个体系的作用量存在某种对称性,即在某种变换下作用量具有不变性,则该体系必定存在一条相应的守恒律(诺特定理)。实际上,诺特定理是在抽象数学理论中的对称性与自然物理学科中的对称性之间建立了一种对应关系。

1.2.2 非对称性

法国著名的物理学家居里曾经说过:"非对称性创造了世界。"正如巴斯德所言,"宇宙是不对称的,生命受不对称作用支配,生命向我们显示的是宇宙不对称性的功能"。生物中决定遗传的 DNA 分子双螺旋结构也是一种非对称的结构。李政道在《展望 21 世纪科学发展前景》中,曾经提出了两个疑问:"第一,目前我们的物理理论都是对称的,而实验表明有些对称性在弱作用过程中被破坏了;另外一个疑问是一半的基本粒子是永远独立不出来的。"实际上,大多数情况下,我们周围所处的环境,甚至是自然界,都处在非稳定、非均匀、非平衡、非对称的状态,对称性只是自然界其中一种比较简单的形式。宇宙的形成、生物的进化、物质的构成、社会的发展、文明的出现、人类的进步、基因的突变等都是对称性逐步缺失,非对称性逐步形成的过程。

1.2.3 对称与非对称的矛盾运动

对称之于非对称之间关系,如同矛盾的同一性之于斗争性,是一种对立统一的关系。从哲学层面而言,对称是指事物通过某种中介变化时出现的同一性,这种同一不是绝对的同一,是包含差异的同一;非对称则是事物通过某种中介而变化时出现的差异性,这种差异也不是绝对的差异,是包含同一的差异。如同同一性与斗争性可以相互转化一样,对称与非对称也可以相互转化。一个静止的小球我们可以认为它处于对称平衡状态,如果受到外界的力的作用开始运动,那么其原有的对称被打破,开始处于非对称状态。但是,如果我再施加一个反向的力,使小球由运动变为静止,那么小球又重新回到了新的对称平衡状态。同一性是相对而暂时的,斗争性是绝对而永恒的。对称性与非对称性也是如此——从广义角度看,对称性是暂时的,而非对称性则是绝对的。如同居里所说,"某些对称性要素的丧失是必然的",非对称性是对对称性的必然补充,对于非对称性的持续探索,是为了追求更高层次上的对称。

1.3　战略联盟的成因

1.3.1　战略联盟的界定与属性

孙东川和林福永(2004)在其著作《系统工程引论》中提道:"20 世纪 40 年代,人类终于发现世界是由物质、能量、信息三大要素组成的,而不仅仅是由物质组成,或者由物质与能量两种要素组成。没有人能否定信息的存在和作用,没有人能够不接受、不利用信息,信息的作用、处理信息的手段是前所未有的。"世界由物质、能量、信息三大要素组成,已经成为当今世界普遍认同的一个观点。

现代系统科学普遍认为:物质、能量和信息是系统维系自身存在和发展的三大要素。联盟成员作为一个开放系统,其一个重要的特点就是与外界进行物质、能量、信息的交流和互换。基于以上论述中物质、信息、能量的重要性以及联盟成员作为一个开放系统的属性,我们将从联盟成员系统中物质、能量和信息的特点来讨论战略联盟的非对称性。

物质(M)是物体的一种基本属性,表示物体所含物质的多少,是描述物体惯性的物理量。战略联盟是社会发展系统中的一种经济形式,其中的有形资源和无形资源都有着质量,都是可以科学测度并以其由低级向高级的演化惯性存在于战略联盟的过程集合体中。

能量(E)是物质运动的量化转换,它是物质运动和运动趋势的一般量度。

它是物理学中描写一个系统或一个过程的一个量,就是使物体动或变的力所做的功。物质无时无刻不在运动和变化着,并影响着其他事物不断发展和变化。这说明从战略联盟功能角度来说,能量是反映战略联盟质量程度的实体系统的势能。

信息(I)是物质和能量的存在、运动、变化的方式,是物质、能量及其属性的标示,是物质和能量的形态、结构、属性和含义的表征,是人类认识客观的纽带;任何物质和能量,不管它是否被我们认识,都必然具有信息形式,信息不能独立存在,它必须以物质、能量作为载体;联盟发展的诸多信息统一于联盟发展系统过程中的诸多方面,并反映了联盟发展实体系统存在、运动及其变化的质量和系统动力势能。

物质、能量和信息之间相互关联、相互依赖、密不可分。美国哈佛大学的研究小组曾提出著名的资源三角形:没有物质,什么也不存在;没有能量,什么也不会发生;没有信息,任何事物都没有意义。爱因斯坦著名的质能方程 $E = mc^2$,用明确的量化公式阐释了物质与能量之间的关系:"质量和能量就是一个东西的两种表述,能量是外显的质量,而质量则是内敛的能量"。正如爱因斯坦而言:"质量就是能量,能量就是质量。时间就是空间,空间就是时间。"没有物质和能量,就不存在事物及其运动,运动状态和规律也就无从谈起,当然也就不会有运动状态和规律的表征的信息,这是信息对物质和能量的依赖性。没了物质和能量,信息就成为无源之水,而物质运动和能量交换则是以信息为内容的。

对于具体的企业战略联盟而言,物质强调质量,对应着资源观里的资源,它包括有形资源和无形资源两大类,其中有形资源主要包括物质资源、机器设备、工具、原材料,无形资源包括技术资源、管理资源和组织资源。能量强调动势能的转化,对应着联盟中的声誉、市场份额、品牌、位置(包括价值链和社会网络)等,处在价值链或社会网络的不同位置,将有着不同的势能。信息承载在物质和能量上,对应着联盟中的信息、文化、认知和风险等。

1.3.2　战略联盟的非对称性

物理中的对称性是指一个系统的一组不变性,而数学中习惯用群论来表示对称。不论是系统还是群,其共同的特点是:都包含有元素。系统中有物质,群中有单位元和零元,那么联盟中是否包含相应的元素? 联盟由两个或者两个以上的成员组成,那么联盟中最少包含两个成员,这就是联盟中的元素。在定义联盟的非对称性之前,需要对成员的核心组成部分(物质、信息、能量)的非对称性进行定义,为了方便定义,假设联盟仅有两位成员。

物质非对称是指,在联盟成员其他要素(信息、能量)等价的情况下,对联盟中成员一方的物质要素 M 进行变换 $f(x)$ 后,该成员物质要素仍然无法达到另一方成员的物质状态(或与另一方成员等价的状态),或者即使可以达到该状态,但是达到该状态付出的成本 c 不低于预期合作实现的收益 r_e 与不合作收益 r_b 之差,在这种情况下,我们就认为联盟成员双方物质非对称。其中变换 $f(x)$ 是指:短期之内,联盟成员对可以在市场上取得的资源采取的一系列行动,包括资源的重新配置,资源的优化等。同样,能量非对称是指:在物质、信息等价的情况下,对能量要素 E 进行变换 $g(x)$ 后,联盟双方仍然无法达到等价状态,或达到等价状态的成本太高。其中,$g(x)$ 的定义同 $f(x)$;信息非对称是指,在物质、能量等价的情况下,对信息要素 I 进行变换 $h(x)$ 后,联盟双方仍然无法达到等价状态,或达到等价状态的成本太高,其中,$h(x)$ 的定义同 $f(x)$。

在物质非对称、能量非对称以及信息非对称的界定之后,下面讨论企业战略联盟的非对称。之前我们提到,联盟成员是联盟中的元素,而这些元素又同时包含物质、能量、信息等要素。我们将联盟中的成员双方分别定义为集合 A(成员 A)与集合 B(成员 B),其中集合 A 包括物质(M_A)、能量(E_A)、信息(I_A);集合 B 包括物质(M_B)、能量(E_B)、信息(I_B)。记做 $A = [M_A, E_A, I_A]^T$,$B = [M_B, E_B, I_B]^T$;定义变换 $F\{f(x), g(y), h(z)\} = [f(x)g(y)h(z)]$,如果对集合 A 做变换 F 后,集合 A 的各要素仍然不能达到集合 B 的状态(或与之等价状态)。即,$A \times F = [M_A, E_A, I_A]^T \times [f(x)g(y)h(z)] =$

$[f(M_A)g(E_A)h(I_A)]$。其中,物质 $f(M_A)$、能量 $g(E_A)$、信息 $h(I_A)$ 中至少有一个与其对应的集合 B 中的物质 M_B、能量 E_B、信息 I_B 不等价,或者即使可以达到该状态,但是达到该状态付出的成本 C 不低于预期合作实现的收益 R_e 与不合作收益 R_b 之差,即 $C \geqslant R_e - R_b$,在这种情况下,我们就认为联盟成员双方非对称。其中变换 F 是指:短期之内,联盟成员对可以在市场上取得的资源采取的一系列行动,这些行动可以改变成员现有的物质、能量、信息的状态。

1.3.3 战略联盟的形成动因

非对称推动着自然界的发展变化,越来越多的生物学的研究表明生物群体中合作的双方,往往处于一种高度的非对称性关系。石磊与王瑞武(2010)认为现有的合作演化模型中,描述合作行为演化的模型都是基于对称的思想发展而来,而现实的合作系统极可能是一个非对称的系统。非对称是联盟形成的本质动力。

(1)从联盟定义角度看,联盟建立实际上是联盟双方非对称性弱化,"对称性"重建的过程。联盟成员基于双方的非对称而建立组织,以获取更大的收益。战略联盟概念是基于以下三个要素建立的:战略联盟是两个及两个以上的企业建立的合作关系;战略联盟的建立基础是互惠互利;联盟成员具有方向一致的战略目标。联盟是双方互利互惠的产物,要么是从合作对方中取得的,要么是双方一起合作才能实现的。换句话说,联盟中的一方可以提供或者可以协助实现联盟另一方需要的东西,这就是非对称性。这种非对称性可能体现为物质的非对称性,如联盟一方拥有某种专利资源、技术资源;也可能是能量非对称,如另一方拥有更具有更大的市场占有率、更富有影响力的品牌、声誉;或是信息的非对称性,如联盟的一方可以更加及时、迅速、准确地获取行业相关信息;抑或是同时存在一种以上的非对称性。联盟双方非对称的存在,使得联盟成员去寻找可以弥补自身非对称的伙伴,以获取更多的利益。一旦联盟建立,这种非对称性就会很快被弱化。因此,联盟成员的非对称性是联盟建立的本质动力,而当这种联盟建立以后,联盟成员可以相互利用对方的资源,从而削弱了之前的非对称性,是一种"对称"重建的过程。

(2) 从耗散结构理论的视角看,非对称性是联盟建立之源。耗散结构理论认为:"一个远离平衡态的非线性的开放系统通过不断地与外界交换物质和能量,在系统内部某个参量的变化达到一定的阈值时,通过涨落,系统可能发生突变即非平衡相变,由原来的混沌无序状态转变为一种在时间上、空间上或功能上的有序状态。"耗散结构理论强调,非平衡态是有序之源。非对称推动着自然界的发展,作为一个开放的系统,联盟成员之所以能够走到一起,形成这种有序的组织,其根本原因就是联盟成员处于非平衡态,处于非对称性态。因此,耗散结构理论表明,非对称性是联盟形成的核心动力。

(3) 从资源依赖理论角度看,"资源"非对称性是导致企业联盟建立的根本原因。资源依赖理论认为,企业间拥有的资源具有极大的差异性,并且不能完全自由流动,很多资源无法在市场上通过定价进行交易。例如,组织管理水平、品牌价值、企业声誉等,而这些因素往往能够带来更长久的竞争优势,但是,从市场上却无法购得,或者由于交易费用太高,通过市场交易来获取是不经济的。同时,随着企业发展目标的不断提升,任何企业都不可能完全拥有所需要的一切资源,在资源与目标之间总存在着某种战略差距。因此,为了获得这些资源,企业就会同它所处的环境内的控制着这些资源的其他组织化的实体之间进行互动,开展合作或者结成联盟,从而导致联盟形成。

1.4　本章小结

综上所述,本章首先阐释了非对称与对称性之间关系以及非对称的相关性质,认为对称性和非对称之间是一种矛盾的对立统一关系,它们之间可以相互转化,并且这种对称性与非对称性地转化重建过程是一个螺旋渐进的过程;然后,分别从物质、信息、能量三个维度分析了企业战略联盟的非对称性质;最后，从联盟定义、耗散结构理论、资源依赖理论三个方面论述非对称性是联盟形成的本质核心动力。在环境日益不确定性的当今时代，通过运用自然普遍原理，研究遵循自然演变规律的企业战略联盟的形成，将更加具有科学性和普遍意义。

第2章　战略联盟的稳定性

2.1　引言

自美国 DEC 公司总裁霍普兰德(J. Hopland)和管理学家奈杰尔(R. Nigel)提出战略联盟的概念以来,战略联盟就成为企业界和管理学界关注的焦点。20 世纪 90 年代以后,学者们分别从概念、分类、结构、成因等多方面对战略联盟进行了较为深入的探讨,无不强调或暗示其优势所在。然而,已有的大量研究表明,战略联盟具有较高的失败率。尽管人们期望战略联盟具有较好的稳定性,但现实存在的战略联盟高失败率,已向其稳定性信念提出了挑战。

事实上,在过去的 20 多年里,已有众多学者根据不同的理论,从不同的研究视角,对战略联盟稳定性影响因素或不稳定性产生原因进行了大量研究。这些研究既提高了人们对战略联盟不稳定性的认识,同时也加深了人们对战略联盟稳定性的理解。然而,就战略联盟稳定性的定性研究而言,仍然存在一些局限。其一,已有的经典文献大多采用一种结果导向的研究方法,造成对战略联盟稳定性的片面和静态理解,表现在过于强调战略联盟的不稳定性;其二,学者们运用了很多局部视角来分析产生战略联盟不稳定性的原因,但没有一个视角可以全面诠释战略联盟稳定性问题;其三,不同的学者根据各自研究需要,赋予了战略联盟稳定性单一且不同的含义,从而造成了许多差异较大甚至相互矛盾的研究结论。

战略联盟的高失败率使得我们不得不对战略联盟的形成背景、动因以及其稳定性作深入的研究,而战略联盟稳定性的研究一直以来都是相关领域研究中的热点问题,对联盟稳定性的研究能够为战略联盟的构建和可持续发展提供良好的借鉴,并为设计联盟的整理机制提供指导性原则。国内外的很多文献都对联盟稳定性进行了研究分析,总体而言,战略学者们基于不同理论和视角,阐释了战略联盟的稳定性:(1)资源基础理论认为,资源困境是解释联盟稳定性的核心,联盟中企业为了防止陷入资源困境,会采取方式阻碍相关资源的共享;(2)交易费用理论认为,在信息非对称情况下,联盟双方对于信息的隐藏会导致双方信任的困难,以及机会主义行为会导致联盟的社会困境,从而影响联盟稳定性;(3)关系契约理论认为,联盟中的关系契约是必要的,不同联盟合作形式其伙伴合作关系的稳定性也不同,而联盟协议的合作活动对联盟稳定性没有显著的影响;(4)代理理论认为,战略联盟中自利企业之间的行为选择本质上构成一个囚徒困境,联盟中欺诈行为因道德风险的存在,从而使联盟难以维持,造成了联盟的不稳定;(5)从博弈论视角看,联盟情形如同博弈论中的囚徒困境,由于欺骗所得的收益要大于合作收益,联盟参与者经常选择不合作策略;(6)战略行为理论认为,联盟不现实的目标期望及目标的不对称加速了联盟的解体,当联盟双方对客观自然状态的心理预期存在差异时,同样会引起企业战略联盟的解体。

尽管已有的研究围绕战略联盟不稳定性的现状揭示、不稳定性影响因素以及影响机理和原因分析方面作出了努力,但是对战略联盟稳定性的认知、稳定性与联盟运作的关联性、相关的研究方法创新等仍旧是该领域未来重要的研究方向。区别于以往研究总是通过定义"不稳定性"来阐释联盟稳定性,本章从非对称性合作视角下对联盟稳定性的内涵给予正面的解读,认为联盟的过程就是非对称性不断弱化和重建的演化过程,并通过引入非对称性合作视角下的鹰鸽博弈来阐释联盟内成员非对称性合作行为及其对联盟稳定性的影响。

2.2 战略联盟的稳定性

2.2.1 一般稳定性

关于稳定性的解释并不少见,相关理论遍布数学、物理、生物等各大学科。根据《现代汉语辞海》的解释,"稳定性"表示稳固安定、没有变动,物质不易受腐蚀,不易改变性能。稳定性的概念在 17 世纪提出的 Torricelli 定理中就有所体现,俄国数学家和力学家 A.M.李雅普诺夫在 1892 年创立的用于分析系统稳定性的理论,其对平衡状态的稳定性定义如下:用 $S(\varepsilon)$ 表示状态空间中以原点为球心以 ε 为半径的一个球域,$S(\delta)$ 表示另一个半径为 δ 的球域。如果对于任意选定的每一个域 $S(\varepsilon)$,必然存在相应的一个域 $S(\delta)$,其中 $\delta < \varepsilon$,使得在所考虑的整个时间区间内,从域 $S(\delta)$ 内任一点 x_0 出发的受扰运动 $\phi(t; x_0, t_0)$ 的轨线都不越出域 $S(\varepsilon)$,那么称原点平衡状态 $x_e = 0$ 是李雅普诺夫意义下的稳定。而生物学中生态系统的稳定性则指,生态系统所具有的保持或恢复自身结构和功能相对稳定的能力。在自组织理论中,稳定性是指动态系统中的过程(包括平衡位置)相对于干扰表现出自我保护能力,从而使得事前处于不稳定状态的系统向它的均衡值运动(即所谓的"均衡稳定性"),以及当事前处于稳定状态的系统,在受到某种干扰时,其平衡状态仍旧得到维持的特征。

2.2.2 战略联盟稳定性的内涵

对于战略联盟稳定性的定义,很多国内外学者试图给出解释。在自组织理论、系统学理论、进化博弈论中,对稳定性都有相应的阐述。自组织理论认为,稳定性是指动态系统中的过程相对于干扰表现出自我保护能力,从而使得事前处于不稳定状态的系统向它的均衡值运动;还有一种情况是,事前处于稳定状态的系统,在受到某种干扰时,其平衡状态仍旧得到维持的特征。进化博弈论从生物进化过程获得启示,研究了有限理性博弈方组成的群体,成员的策略调整过程、趋势和稳定性,这里的稳定性指群体成员采用特定策略的比例不变。有限理性的博弈方通过不断的学习和模仿、调整策略,让自身利益能够得到改善,使最终的结构达到一个动态的均衡,该平衡状态下的策略被称为进化稳定策略。

对于战略联盟的稳定性,管理学界大多数国外学者没有给出正面的定义,而是从其对立面阐述了联盟的不稳定性。较早的研究将联盟的不稳定性定义为联盟的解体或者清算(Kogut,1989)。Inkpen 和 Beamish(1997)认为联盟的不稳定性是联盟过程中非计划内的联盟目标、联盟契约和联盟控制方式等方面的变动以及联盟的解体或兼并,合作一方或双方未预想到联盟现状的重大改变,包括联盟非计划内的终止和重新构建,对于开始就确定好终止时间的联盟以及双方经过协商而做适当调整的联盟不包括在内。联盟稳定性问题真正开始受到理论界关注始于 1998 年,Spekman、Isabella 和 Macavoy 对战略联盟研究进行综述时,指出联盟稳定性将成为未来研究的主要方向。Yan 和 Zeng(1999)基于前人对联盟不稳定性研究的两种方法(结果导向和过程导向)认为,战略联盟不稳定性是指在一定程度上能够影响联盟绩效的重大行为,包括:改变战略方向,重谈联盟协议,重构联盟所有权结构或治理结构,改变联盟与母公司的关系或母公司之间的合作关系等。国内这方面的研究起步较晚,对战略联盟的稳定性也没有统一的定义,曹东和谭鲜明(1997)认为联盟稳定性是指联盟的成员不愿退出该联盟,并且联盟之外的企业不愿加入联盟组织中来。单泊源和彭亿(2000)认为战略联盟的稳定性实质是虚拟成员组织之间的相互依赖决策问题,盈利结构是战略联盟稳定性的重要因素。马燕翔(2004)认为联盟成员为实现既定战略目标,在一定时期内保持健康的联盟关系的正常波动状态,这就是稳定的联盟。蔡继荣(2006)从新制度经济学角度出发,提出联盟的稳定性就是建立在全体联盟成员对合作所形成的共同认知基础上的,能够在联盟合作契约范围内维持其功能的属性,建立在激励相容基础上的制度均衡状态,它所关注的是联盟这一复杂系统的动态均衡问题。

　　战略联盟的不稳定并不等价于联盟的瓦解或是清算,联盟关系意外的重大变化也不能代表联盟不稳定,它忽视了联盟是一个动态、发展、变化的组织,它会随着外界环境以及自身所处的阶段作出调整,包括未预料到的重大调整;而将联盟的稳定性理解为,联盟内成员不愿退出或者联盟外的成员不愿加入,显然过于表面化、形式化。战略联盟的稳定性和不稳定性是联盟合作关系的内生物,是相对立的两个方面,区别在于在内外影响因素的综合作用下,联盟作为一个系统能否维持或者重新达到稳定状态。简单地将稳定性理解为结构的不变,或者不稳定性解释为结构的变化,将陷入形而上学的错误思维中。在联盟目标实现的情况下,联盟结构的变化,联盟成员的退出甚至是联盟的瓦解,也不能简单地视做不稳定,而应当用辩证的观点来看待战略联盟的稳定性,战略联盟的稳定性是一种相对的稳定、动态的稳定,是一个变化发展的过程,是在不断自我变化、自我更新的发展运动中实现的。

　　因此,战略联盟的稳定性是指,战略联盟成员为实现既定的战略目标,在联盟生命周期内,维持联盟的功能属性,保持联盟关系正常动态波动的相对稳定。从定义中可以看出,联盟稳定性内容主要包含以下几点:(1)特定时间内的稳定,联盟的稳定性是联盟生命周期内的稳定性,是联盟目标实现过程中的稳定性,联盟目标实现之后的联盟状态不在考虑范围内。(2)动态的稳定,联盟是一个开放的、动态发展的系统。当联盟成员受到内外干扰因素的影响时,联盟将会采取相应计划内或计划外、结构性或非结构性的措施,保证联盟的正常运作。(3)相对的稳定,联盟系统中,整体的稳定与局部的非稳定共存、战略目标的稳定与阶段目标的不稳定同在,联盟的稳定并不是一种绝对意义上的稳定。(4)波动的稳定,联盟成员关系并不是固定不变的,而是处在运动、变化、矛盾冲突之中,但这种波动是一种正常状态,并不会引起质的变化。

2.2.3　战略联盟稳定性的影响因素

　　关于联盟稳定性的影响因素和作用机制的研究也颇为丰富,很多理论从不同的角度给出了解释。

1. 交易成本理论的研究

交易成本理论认为,战略联盟是在市场交易失灵和直接投资成本太高这两个条件同时成立时采用的一种组织形式,既可以节约市场交易成本,又能节省直接投资或纵向一体化成本(Hennart, 1991),企业会采取以有效控制交易成本为主要原则选择是否参与战略联盟以及战略联盟的模式。而影响交易成本的主要因素有资产专用性、不确定性和交易频率(Williamson, 1985):从资产专用性来看,资产的专用性越高,交易双方签约关系保持长期稳定性越有意义,企业之间合作的意愿越强,尤其战略联盟对专用性资产的"共同占有"更能降低风险与费用的有效选择;从不确定性来看,战略联盟的建立将促使联盟伙伴之间的"组织学习",从而提高对方对不确定性环境的认知能力,也可充分利用联盟组织的稳定性抵消外部市场环境中的不确定性,进而减少由不确定性引致的交易成本;从交易频率来看,与交易频率有关的联盟常常发生在有纵向联系的制造企业和经销商、供应商之间,这些处于上下游的企业之间由于存在较高的交易频率,乐于建立供销联盟来稳定交易关系,节约交易成本。因此,交易成本理论运用在战略联盟的根本在于实行战略联盟的企业之间力图以人为安排来减少合作成本。但是,由于联盟公共物品的性质,在信息非对称情况下,联盟双方对于信息的隐藏以及机会主义行为会导致双方信任的困难,从而影响联盟稳定性;尽管交易成本理论能够有效地揭示联盟内部的合作与冲突、联盟成员的机会主义行为和由此而产生的内生交易成本,以及专用性资产对于交易成本的重要意义(Madhok and Tallman, 1998),然而该理论却无法对战略联盟的合作风险和稳定性作出全面解释(Hill, 1990),不能精确勾勒出联盟的稳定性边界,更没有设计出一套维持联盟稳定性的管理机制。此外,交易成本的内容过于泛化也受到很多学者的批判。

2. 资源基础理论的研究

资源基础理论认为,战略联盟在本质上可以认为是由战略资源需要驱动而形成的合作关系。通过战略联盟进行资源整合,能够创造出单独企业成员所无法获得的资源价值。但是,战略联盟中存在资源困境,资源困境是指企业将专用性资产或专有性核心资源投入联盟,就内生了专用性资产被套牢或者核心资源被溢出从而降低其讨价还价能力的困境。资源困境是解释联盟稳定性的核心,联盟内部的竞争与合作、短期与长期以及柔性与刚性等矛盾关系的平衡均可归结为资源困境的有效解决。虽然联盟成员能够认识到结盟合作的潜在价值,但鉴于自利行为普遍存在,他们在进行投入专用性资产缔结联盟的决策时都会考虑投入资源的套牢问题(Hennart, 1988),因此会尽量避免投入过多,这是影响联盟收益及稳定性的最主要原因之一。此外 Inkpen 和 Beamish (1997)还从组织学习的角度对技术、知识资源投入和共享与联盟稳定性之间的关系进行了研究。然而,目前基于资源基础理论的研究以定性分析和逻辑推断居多,缺乏案例支持和实证检验,使得这些研究成果的可信度打了折扣。

3. 组织学习理论的研究

自从 Argyris 和 Schon 在 1978 年《组织学习:行动观点理论》一书中提出组织学习的概念在理论界引起巨大轰动以来,组织学习的理论得以蓬勃发展。该理论认为,企业的成长与发展离不开自身素质的提高与新知识和技能的学习,但是随着知识非线性扩张和协同效应的迅速增加,企业仅依靠自己的力量发展所需的知识和能力已经不太现实,需要相互学习。战略联盟就为企业提供了学习知识的平台,许多研究表明,学习其他企业的技术诀窍和某些能力是企业加入联盟的最主要动因之一。通过缔结战略联盟,创造一个便于分享知识、移动的宽松环境,通过人员交流、技术分享、访问参观联盟伙伴的设施等办法,将经验型知识有效地移植到联盟各方"进而扩充乃至更新企业的核心能力"真正达到企业间合作的目的(徐飞和徐丽敏,2003)。此外,企业相互学习还能产生"共生放大"效应,有利于形成新的资源产生合作剩余(Gulati, 1999)。同时,战略联盟中又会存在"信任悖论"问题:联盟企业需要相互信任、通力合作才能实现更高的联盟收益,而信任又会使自己的知识能力外溢,在合作过程中被对方获得,由此失去竞争优势。通常的情形是,一方成员掌握了它以前缺乏的技术或技能后,就会谋求重写合作条款,甚至退出战略联盟,使得联盟出现不稳定。在联盟内学习的过程中,学习速度最快的合作者将会逐渐在联盟关系中处于支配地位,联盟逐渐演变成了一场"学习竞赛"。学习最快的公司逐渐主导合作关系,并通过合作最终成为更为强大的竞争者,而学习速度较慢的公司就会成为这场竞赛中的输家,在未来的竞争中处于不利地位。John R. Conlon(2003)等也研究了学习能力在有限次重复囚徒困境中对联盟稳定性的影响。

综上所述,目前国内外关于战略联盟稳定性的研究存在如下不足之处:(1)对联盟稳定性概念缺乏统一的理解和认识,各个学派对该问题研究的出发点有所差异;(2)现有的研究往往着眼于对联盟不稳定性的分析,对于稳定性,特别是稳定性的影响因素作用机理、边界条件以及机制设计方面尚未提出独到的见解;(3)研究思路呈静态化,将战略联盟看成一种静态组织进行分析,而战略联盟通常是一个动态变化的过程;(4)研究内容上,多关注联盟成员对称的情况而忽略非对称的情况,但是现实中非对称型的联盟更为常见,联盟双方的地位以及参与联盟获得的收益往往是非对称的;(5)研究方法上,以定性分析和逻辑推断居多,量化分析和案例支持并不充分。针对目前研究中存在的不足,本研究尝试运用自然界最普遍的对称与非对称原理对战略联盟的稳定性进行分析,对现有理论进行补充和完善。

2.3 战略联盟稳定性的非对称作用机理

在一定条件下,非对称性与对称性可以相互转化;联盟成员间的非对称性推动着联盟的演化;非对称与对称性之间呈现出螺旋渐进的过程。联盟经历的对称性与非对称性之间的扰动的变化次数越多,联盟越稳定。当联盟面对新的干扰时,以往的经验可以更好地指导联盟成员应对新的问题,从而保证联盟的稳定(类似于经验的积累)。非对称性是联盟建立的核心动力(本质原因),联盟成员出于互惠互利,在非对称的基础上建立联盟。当联盟形成之后,由于联盟成员可以共享双方的资源,使得联盟成员之间的非对称性逐渐得到削弱和弱化。但是,随着联盟的发展,联盟将会遇到新的内外部的干扰,比如联盟之间利益分配的冲突、联盟所处外部竞争环境的变化、联盟成员之间对联盟未来发展不同的心理预期、由于信息不对称导致的机会主义行为的出现等,此时联盟成员之间将会在之前弱化的非对称基础上形成新的非对称性,而此时的非对称性将会对联盟稳定性造成影响,这是一个非对称性的演化过程。

合作行为的演化一直是社会行为学和进化生物学研究的核心问题之一。现有的合作演化模型中,描述合作行为演化的模型都是基于对称的思想发展而来,而现实的合作系统中,合作方的数目和收益与合作接受方事实上是高度不对等的;实际上,很多学者已经意识到合作系统中合作双方可能是非对称性的相互作用的,合作双方事实上处于一种高度的非对称性关系(见图2.1)。

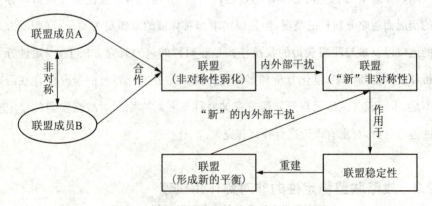

图 2.1　战略联盟稳定性的非对称作用机理

2.3.1　传统的"鹰鸽博弈"模型

假设博弈局中人是两个理性主体,双方都有两个策略:鹰的策略(简记为H),鸽的策略简记为D。那么对于博弈双方而言,博弈策略可以形成4个策略组合：(HH)，(HD)，(DH)，(DD)。假设博弈方为了获取某一收益 v，若两博弈方都选择鹰策略，则双方付出冲突的成本为 c，此时双方的纯收益均为 $\dfrac{v-c}{2}$；若博弈方采取的策略不同，即一个采取鹰策略，另外一个采取鸽策略，则采取鹰策略的一方纯收益为 v，而采取鸽策略的一方纯收益则为 0；若博弈方都采取鸽策略，则双方的收益均为 $\dfrac{v}{2}$。（见表 2.1）

表 2.1　对称性鹰鸽博弈支付矩阵

策　略	鹰	鸽
鹰	$\dfrac{v-c}{2}, \dfrac{v-c}{2}$	$v, 0$
鸽	$0, v$	$\dfrac{v}{2}, \dfrac{v}{2}$

经典博弈理论讨论"鹰鸽博弈"时，暗含了系统中博弈双方实力是对等的假设。当 $v > c$ 时，此博弈存在纯策略纳什均衡（HH）且是进化稳定的；而当 $v < c$ 时，此博弈有两个纯策略纳什均衡[（HD）和（DH）]，但不存在纯进化稳定策略，不过存在一个混合进化稳定策略均衡 $(p, (1-p))$，其中 $p = \dfrac{v}{c}$ 为博弈方采取鹰策略 H 的概率。

2.3.2　联盟稳定性的"非对称作用模型"

传统的"鹰鸽博弈"是基于双方实力对等的假设下，本章采用修正的"鹰鸽博弈"模型，反映现实中博弈双方的非对称性，构建联盟稳定性的非对称作用模型，以探讨非对称视角下战略联盟合作的稳定性问题。我们对模型进行修正，使其能够正确地反映非对称情况下的联盟稳定性。在非对称情形下，联盟成员的收益显然要受双方实力对比的影响，表现为联盟成员的收益和风险取决于联盟成员的谈判力、风险规避能力等。当联盟成员发生冲突时，实力大的一方受到的伤害往往较小；即使联盟成员处于稳定的合作状态，对收益的分配往往也是实力大的一方得到的较多。

选取联盟非对称性因子体现联盟成员的非对称程度，记为 $u=\dfrac{k}{1-k}$，其中 $0<k<1$，k 表示联盟一方的实力（或者所占据的资源），$1-k$ 表示联盟中另一方的实力（或者所占据的资源），并假设：

（1）联盟合作的收益为 v，联盟成员冲突的成本为 c，其中 $c \geqslant v$（否则，联盟成员持续的冲突也总能获得正的收益，不符合实际）。

（2）当联盟成员都采取鹰策略时，即发生冲突时，实力为 k 的联盟成员得到的纯收益为 $\dfrac{v-c}{4k}$，另一方得到的纯收益 $\dfrac{v-c}{4(1-k)}$，其中，之所以乘以 4 目的是为了使模型在 $k=0.5$ 时，能回到经典的模型。

（3）当联盟成员都采取鸽策略时，实力为 k 的成员纯收益为 kv，实力为 $1-k$ 的成员纯收益为 $(1-k)v$。

（4）当联盟成员采取不同的策略时，即一方采取鹰策略，另一方采取鸽策略，此时的收益与经典模型相同，也就是，采取鹰策略的纯收益为 v，采取鸽策略的纯收益为 0。

根据以上的假设，可以把联盟非对称因子为 u 的联盟成员方 A，B，关于"鹰鸽博弈"采取不同策略时，收益对应的支付矩阵进行修改，修改后的支付矩阵如表 2.2 所示：

表 2.2　非对称鹰鸽博弈支付矩阵

		联盟成员 B	
		鹰策略 $(1-y)$	鸽策略 (y)
联盟成员 A	鹰策略 $(1-x)$	$\left[\dfrac{v-c}{4k}, \dfrac{v-c}{4(1-k)}\right]$	$(v, 0)$
	鸽策略 (x)	$(0, v)$	$[kv, (1-k)v]$

由上面的支付矩阵可以知道，在上述假设前提下，联盟成员双方都没有纯严格占优策略纳什均衡，因此要研究此博弈的均衡结果，需考虑联盟成员双方

的混合策略。假设联盟成员 A，B 采取鸽策略的概率分别为 x，y，则相应采取鹰策略的概率为 $1-x$，$1-y$，因此，联盟成员 A 的期望收益 $E_A(x, y)$ 等于：

$$E_A(x, y) = (1-x)(1-y)\frac{v-c}{4k} + (1-x)yv + x(1-y)\cdot 0 + xykv$$

$$(2.1)$$

联盟成员 B 的期望收益 $E_B(x, y)$ 等于：

$$E_B(x, y) = (1-x)(1-y)\frac{v-c}{4(1-k)} + (1-x)y\cdot 0$$

$$+ x(1-y)v + xy(1-k)v \qquad (2.2)$$

按照纳什均衡的定义，在给定联盟成员 B 的混合策略 $(y, 1-y)$ 条件下，联盟成员 A 的目标是寻求使得期望收益 $E_A(x, y)$ 最大的 x 的值，因此：

$$\frac{\partial E_A(x, y)}{\partial x} = \frac{(1-y)(c-v)}{4k} - vy + kvy = 0 \qquad (2.3)$$

得：$y_0 = \dfrac{c-v}{c-v+4kv-4k^2v}$，$y_0 \in [0, 1]$

同理，对于联盟 B 的期望收益 $E_B(x, y)$ 有：

$$\frac{\partial E_B(x, y)}{\partial y} = \frac{(1-x)(c-v)}{4(1-k)} - vx + (1-k)vx = 0 \qquad (2.4)$$

得：$x_0 = \dfrac{c-v}{c-v+4kv-4k^2v}$，其中 $x_0 \in [0, 1]$

对于联盟成员 A 来说，当成员 B 选定鸽策略的概率为 y_0 时，对于任意的 A 选择的鸽策略概率 x_1，$x_2(0 \leqslant x_1, x_2 \leqslant 1)$，都有：

$$E_A(x_1, y_0) = E_A(x_2, y_0) \qquad (2.5)$$

即 A 的任何策略都是无差异的，因为：

$$E_A(x, y_0) = \frac{(c-v)vk}{c-v+4kv-4k^2v} \qquad (2.6)$$

所以 $E_A(x, y_0)$ 是常数，因此对于任意的 x_1，$x_2(0 \leqslant x_1, x_2 \leqslant 1)$，都有 $E_A(x_1, y_0) = E_A(x_2, y_0)$。

同样，对于联盟成员 B，当联盟成员 A 选定鸽策略的概率为 x_0 时，对于任意的 B 选择的鸽策略概率 y_1，$y_2(0 \leqslant y_1, y_2 \leqslant 1)$，都有：

$$E_B(x_0, y_1) = E_B(x_0, y_2) \tag{2.7}$$

因此，对于联盟 A，B 均有：

$$E_A(x_0, y_0) \geqslant E_A(x, y_0), \ E_B(x_0, y_0) \geqslant E_B(x_0, y) \quad (0 \leqslant x, y \leqslant 1) \tag{2.8}$$

根据混合策略的纳什均衡理论可知，博弈的混合策略纳什均衡解为：

$$(x_0, 1-x_0) = \left(\frac{c-v}{c-v+4kv-4k^2v}, \ 1 - \frac{c-v}{c-v+4kv-4k^2v} \right), \tag{2.9}$$

$$(y_0, 1-y_0) = \left(\frac{c-v}{c-v+4kv-4k^2v}, \ 1 - \frac{c-v}{c-v+4kv-4k^2v} \right) \tag{2.10}$$

其中 x_0，y_0 分别为联盟成员 A，B 选择合作的概率。

2.3.3 "非对称作用模型"均衡解分析

现在讨论非对称鹰鸽博弈均衡解，$x_0 = \dfrac{c-v}{c-v+4kv-4k^2v}$ 中各变量的性质。令 $m = \dfrac{v}{c}$，定义为联盟双方冲突的单位成本收益，$u = \dfrac{k}{1-k}$ 为联盟非对称性因子，则有：

$$x_0 = \frac{(1-m)(1+u)^2}{(1+u)^2 - m(u-1)^2} \tag{2.11}$$

由假设 $v \leqslant c$ 知，$0 \leqslant m \leqslant 1$；因为 $0 < k < 1$，所以 $u > 0$。从上面的表达式可以看出，x_0 的大小取决于参数 m，u。那么参数 m，u 对 x_0 的影响可以从

以下两个方面讨论：

（1）x_0 与 m（冲突的单位成本收益）的关系。

假定非对称因子 u（非对称程度）不变，则有：

$$\frac{\partial x_0(m, u)}{\partial m} = \frac{-4u(u+1)^2}{[(1+u)^2 - m(u-1)^2]^2} < 0 \tag{2.12}$$

因此，当 u 不变时，x_0 为关于 m 的减函数。即 m 值越大，对应的 x_0 越小，也就是说，混合策略均衡解的合作概率 x_0 与冲突的单位成本收益负相关。即在非对称联盟中，联盟成员冲突的单位成本收益越大，联盟合作的概率越小，联盟越不稳定。

（2）x_0 与 u（非对称程度）的关系。

假定冲突的单位成本收益 m（冲突的单位成本收益）不变，则有：

$$\frac{\partial x_0(m, u)}{\partial u} = \frac{4m(1-m)(u+1)(u-1)}{[(1+u)^2 - m(u-1)^2]^2} \tag{2.13}$$

① 当 $0 < u < 1$ 时，$\dfrac{\partial x_0(m, u)}{\partial u} < 0$，$x_0$ 为关于 u 的减函数；

② 当 $u = 1$ 时，$\dfrac{\partial x_0(m, u)}{\partial u} = 0$，$u = 1$ 为 x_0 的驻点；

③ 当 $u > 1$ 时，$\dfrac{\partial x_0(m, u)}{\partial u} > 0$，$x_0$ 为关于 u 的增函数。

因此，当 $u = 1$，即 $\dfrac{k}{1-k} = 1$，$k = 0.5$ 时，x_0 最小，也即当联盟双方实力对等时，联盟双方合作的概率最小，联盟最不稳定。同时，由函数的特点可以看出，u 偏离 1 越远，x_0 越大，也即双方实力悬殊越大，双方合作的概率也越大，联盟也越稳定。

2.4 本章小结

综上所述，在联盟的非对称程度保持不变的情况下，联盟成员冲突的单位

成本收益越大,联盟合作的概率越小,联盟越不稳定。在联盟成员冲突的单位
成本收益不变的情况下,双方实力的非对称性越强(实力悬殊越大),联盟合作
的概率越大,联盟越稳定;当双方实力对等时,联盟双方的合作概率最小,联盟
最不稳定。联盟成员间的非对称性,推动着联盟合作的实现,非对称性有利于
促进合作行为的演化,非对称性是联盟合作形成的核心动力。因此,在非对称
合作系统中,如果实力占优势的一方为联盟中的合作方,其可以采取强迫策略
来惩罚不合作方(实力较弱)以及奖励其他合作方,联盟系统中的成员从联盟
中的退出成本越高,惩罚机制就越有效,非合作方将被迫采取合作行为,进而
影响战略联盟的稳定性。

第3章　战略联盟的破缺性

3.1　破缺与对称破缺

3.1.1　破缺

对称,一直以来就被视为与社会组织基本思想紧密联系的根本原则:人们对法律的公正性、人类的平等性以及社会和经济的稳定性的认识,均建立在对称原则的基础上。天体演化、地球变迁、物质构成、物种繁衍、生命进化、社会发展,从系统科学角度来看,都是一个对称性逐步丧失、非对称性逐步形成的过程,也是一个从混沌到有序、从低序到高序的演化过程。对称与非对称在一定条件下可以转换,系统原有的对称性在一定条件干扰下消失,即呈现"破缺"。

3.1.2　对称破缺

对称与非对称是自然界中普遍存在着的一种矛盾关系,对称是变化中的统一,反映不同物质形态在运动中的共性,破缺是统一中的变化,反映同一物质形态在运动中的个性。对称破缺(symmetry breaking)描述的是物理学中的一种现象:非常微小的涨落因为作用于一个正在穿越临界点、具有某种对称性的物理系统,通过选择所有可能分岔中的一个分岔,打破了这物理系统的对称性,并且决定了这物理系统的命运。对称破缺是自然界(包括人类社会)演化发展的一条基本原理,自然界发展的基本特征之一就是对称破缺和对称性的统一,非线性、突现、分层和自组织等都是对称破缺的现象。对称破缺与否标志着系统的发展状况,系统的发展离不开对称破缺。对称破缺是系统走向有序的主要机制,系统有序演化是对称破缺的结果。因此,企业战略联盟系统演化过程的研究可以从对称性破缺中找寻答案。

3.1.3　非对称与对称破缺

现实中,我们大多处于非对称、非平衡、非稳定、非线性、非均匀的复杂状态之中,对称作为"简单"的一种表现形式是描述系统或对象最方便、简洁的手段,对称与非对称在一定条件下可以转换。原有对象的对称性在一定条件干扰下丧失,即为"对称破缺";若对称破缺后,对象在新的条件、层次上重获新的对称,则称其为"对称重建"。一般的非对称不能称之为对称破缺,而非对称也未必是从对称"破缺"而来。对称破缺是在系统自身或外力作用下,打破系统原有对称、平衡、稳定的状态使系统出现非对称、不平衡、不稳定的动态发展过程。"对称破缺"认为,宇宙是"对称与非对称"的辩证统一,世界是在"对称性破缺"中进步发展的;客观存在处于一种"有序"和"平衡"状态,即"对称"状态;一旦发生对称破缺,"有序"就变为"无序","平衡"就变为"不平衡","对称"就变为"不对称"。从动态发展观点看,对称、非对称只是一对相对稳定、阶段静止或局部平衡的基本状态,"对称破缺"反映了这两种基本状态间的动态变化过程。因此,对称破缺是对称系统在向非对称运行的动态发展过程,对称破缺意味着原有平衡态的结束,为寻求新的平衡状态必须在更广范围内进行考察,在新的对称形成之前,系统将会处于非对称状态。

3.1.4　自发性对称破缺

"自发性对称破缺"(spontaneous symmetry breaking)的概念最早出现在凝聚态物理中,20世纪60年代被南部阳一郎引入量子场论。所谓自发性对称破缺,是指一个物理系统的拉格朗日量(概括整个系统动力状态的函数)具有某种对称性,而基态(系统的最低能阶)却不具有该对称性,描述的是系统从某一状态转变为另外一种状态,且两种状态都具有相对稳定性。随着现代自然科学、系统科学、经济学和社会学等研究的深入,人们逐渐认识和理解了自发性对称破缺原理,并将其作为自然界和社会演化的基本原理。在 20 世纪 40 年代以后,随着自然科学和社会科学的发展,特别是复杂性系统科学的深入研究,揭示出从无机的物质世界到有机的生命世界,再到复杂的社会经济生活,都是从无序走向有序的过程,而自发性对称破缺是系统走向有序的主要机制。

3.1.5　战略联盟的破缺性:自发性对称破缺

战略联盟的自发性对称破缺描述的是,战略联盟系统在成员企业合作运营的过程中受内部非对称性动力作用而不断演变,从某一阶段的稳定状态到达另一阶段的稳定状态的情况。企业战略联盟作为一个原本具有较高对称性的系统,在没有受到任何不对称因素的影响下,突然间系统对称性明显下降而非对称性明显上升的现象称为联盟自发性的对称破缺。当联盟系统中存在或受到破坏联盟对称性的微扰时,若这种微扰不断放大,如联盟成员由于信息不对称导致机会主义行为、道德风险等问题,且对联盟合作成员的心理、行为、收益的负面影响愈来愈大时,最终就会出现明显的联盟内部合作的不对称性,从而产生战略联盟的自发性对称破缺。

3.2　战略联盟的构成系统

社会发展系统是人类社会与自然构成的系统,在这个系统中,存在着人类社会与自然以及人与人的相互作用。对于经济社会系统,有人将其称为社会经济系统,有人将其称为社会系统。因为经济系统在整个社会系统中的重要性,我们认为将其称为经济社会系统更为贴切。按照钱学森先生的观点,经济社会系统是由人组成的开放的复杂巨系统,它与复杂系统具有本质的内在一致性。企业战略联盟也是一个复杂社会经济系统,它是由相互联系、相互作用和相互制约的各种实体按一定的规则所组成的具有自身发展规律的有机整体。宇宙构成的五构素描述法,开辟了世界观数量化、技术化的基础:坐标参照系。以下基于宇宙构成的五构素观,分别从时间、空间、物质、信息、能量五个维度的要素来描述企业战略联盟的系统构成。

(1)空间,是指一种具有特殊性质及一些额外结构的集合,是事物的延展性。空间维度主要考虑企业战略联盟成员企业所处区域特征、包括外部宏微观环境以及相应政策影响等因素。

(2)时间,是一切宏观物质状态的变化过程的连续性、变化性、持续性的度量。时间是空间的属性,是空间内物质连续变化的过程。即没有空间就不会有物质;没有空间和物质,就不会有时间。时间维度主要考虑企业战略联盟内成员企业以往的联盟经历,联盟合作期长短及其频率。

(3)物质,是指物质为构成宇宙万物的实物、场等客观事物;是能量的一种聚集形式。物质维度以资源基础观为基础,不仅将企业看成资源的组合,更将企业战略联盟看成不同资源的组合,联盟的形成主要是资源的分享或交换,以便集中优化配置。而企业关心的不仅仅是通过联盟利用或获取伙伴有价值的资源,还要在联盟演变发展过程中保护自己有价值的资源。

(4)信息,是物质同外界交换内容的总称,是物质存在方式及其运动规律特点的外在表现。信息是物质静止或变化时的属性;信息包括意识,也包括各种虚拟的存在,即一切软件成分的事物。信息必须依附于物质或空间存在,没有物质或空间就没有信息。信息是物质或空间的属性,美国数学家、信息论的创始人香农(Shannon)认为"信息是用来消除随机不定性的东西"。信息维度主要考虑企业战略联盟内成员企业的信息沟通共享机制,联盟信息获取机制等,研究信息的非对称对联盟绩效的影响,以及出现的"逆向选择"、"道德风险"等相关问题。

（5）能量，是物质运动的一种度量，是用以衡量所有物质运动规模的统一的客观尺度。对应于物质的各种运动形式，能量也有各种形式，彼此可以互相转换。而能量维度主要考虑企业战略联盟及成员企业的核心能力及动态能力。企业能力理论从企业内部出发，认为企业之间通过建立战略联盟可获取合作伙伴之间的互补性资源，扩大企业利用外部资源的边界。战略联盟是企业获取技能的一种方式，联盟不仅是接近对方能力的商业手段，也是真正掌握对方核心能力的机制之一。

如果企业战略联盟在 t 时刻处于状态 j，则企业战略联盟的状态函数可表征为：$W_j(t) = \prod \{X_t(W_j), Y_t(W_j), Z_t(W_j), U_t(W_j), V_t(W_j)\}$。用以下符号表征企业战略联盟不同维度的属性特征：$X_t(W_j)$ 表示企业战略联盟在 t 时刻，j 状态下空间维度的状态属性；$Y_t(W_j)$ 表示企业战略联盟在 t 时刻，j 状态下时间维度的状态属性；$Z_t(W_j)$ 表示企业战略联盟在 t 时刻，j 状态下物质维度的状态属性；$U_t(W_j)$ 表示企业战略联盟在 t 时刻，j 状态下信息维度的状态属性；$V_t(W_j)$ 表示企业战略联盟在 t 时刻，j 状态下能量维度的状态属性。根据对称破缺与系统演化的思想，联盟系统在交换物质、能量和信息的过程中，下层系统（局部）的相对上层系统（整体）更容易遭到破坏，即产生系统的"自发性对称破缺"。战略联盟被视为一个复杂的社会经济系统，在系统中时间、空间、物质、信息、能量五个维度耦合作用机制下，战略联盟的合作发展不断发生变化，则战略联盟稳定性就可以在自发性对称破缺视角下得到新的诠释。

3.3　基于马尔科夫转换的战略联盟自发性对称破缺机制

马尔科夫过程描述的决策问题是下一阶段的决策取决于本阶段的系统状态，而与本期以前的系统状态无关。马尔科夫过程作为一种描述某类复杂系统状态转移的随机过程，描述了系统由一种状态转移到另一种状态的过程，在现实战略联盟自发性对称破缺过程中,企业经营决策工作是庞大而复杂的,通常会受到多方面的不确定因素的影响,因此,可将战略联盟系统看做一个随机系统,而且联盟系统演变的自发性对称破缺过程往往具有"无后效性",为运用马尔科夫链理论对企业战略联盟自发性对称破缺机制进行分析提供了基础。为了控制战略联盟系统完成预期目标,更重要的是要通过实时观测资料进行统计分析,尽量准确地进行预测,以便寻找问题的最佳解决方案。马尔科夫决策规划模型能够很好地刻画企业在不确定性离散环境中的决策行为,也将有利于解决本章研究的问题:企业战略联盟演化的自发性对称破缺机制。企业战略联盟随着时间的推移、空间背景、内部资源的变化而不断调整而演变,从某一稳态通过自发性对称破缺到达新的稳态。联盟内企业存在着资源、能力、信息等方面的差异,同时由于相互作用、知识和技术的扩散与传播以及外部环境的不确定性,企业战略联盟的演变状态往往在一定程度上受到联盟内成员企业相互作用的影响和制约。马尔科夫随机过程在研究企业战略联盟演变及其未来发展趋势方面具有一定的优势,即只需要了解联盟当前的状态而无需了解联盟成员过去的发展历史。

3.3.1　模型基本假设

马尔科夫完美均衡是随机决策中动态博弈的重要思想,马尔科夫转换具有三方面的特征:马尔科夫战略规定了最简单且符合理性的行为方式;马尔科夫条件相对于子博弈完美均衡更好地展示了过去的事情就成为过去的思想;马尔科夫转换包含了次要的原因应该具有次要的影响的原则。

从马尔科夫战略的思想和既有的研究来看,企业战略联盟的自发性对称破缺满足马尔科夫性,即联盟下一阶段的状态只和本阶段的联盟企业状态有关,而与本阶段之前的联盟及成员企业的状态无关。首先,从既有研究来看,联盟成员企业的决策以"共赢"为目标,满足过去的事情就成为过去和次要的原因应该具有次要的影响的原则,因此联盟企业决策满足马尔科夫性;另外,联盟企业遵循"经济人"假设,以追求自身利益最大化为目标,符合理性人原则,从而联盟企业的决策行为可构成子博弈完美均衡,具有均衡解;其次,从企业战略联盟的实践看,联盟企业的经营活动不会立即转化为企业的盈利,因此联盟企业会将本阶段之前的投入视为沉没成本,而企业主体在下一阶段决策时,通常不会考虑沉没成本的影响。本章构建模型的基本假设如下:

(1)企业战略联盟演变过程中自发性对称破缺表现为两个不同的状态:即状态 i 和 j,战略联盟自发性对称破缺就是联盟状态属性在这两个符合时间序列的状态之间转移。

(2)企业战略联盟的状态受不同维度属性的影响,但是由于外部和内部环境的不确定性和随机性,因此,不同时段的战略联盟状态转换,即联盟的自发性对称破缺,可视为随机过程。

(3)企业战略联盟自发性对称破缺后的状态属性,只与联盟自发性对称破缺过程中的阶段状态相关,取决于联盟破缺前的状态,与其他阶段的状态属性因素无关;因此,联盟自发性对称破缺过程具有无后效的特点,则可视为马尔科夫过程。

3.3.2　联盟状态的马尔科夫转换

企业战略联盟的自发性对称破缺中,联盟系统由一种状态到达另一种状态的变化称为状态转移,其状态是随机的,可能随时发生变化,可用状态转移概率表示一种状态转移到另外一种状态的可能性。联盟长期面临着不确定性,联盟成员企业在合作过程中,由于契约的不完全性,契约参考点的存在,影响着联盟合作决策行为以及成员之间的信任关系,而导致联盟成员在合作过程中存在利己的机会主义行为,联盟成员采取如退出、背叛等策略行为,又或者"竞争"还是"合作",进而影响联盟成员的收益及其联盟的稳定性,因此,在联盟合作发展过程中,经由这一系列心理破缺发展到行为破缺再到收益破缺,进而发生联盟状态的转换。假设企业战略联盟的状态存在于时间维度 T

上（$T \subset R$，R 为给定的状态集），每一个特定时刻对应着企业战略联盟的一个状态，即集合 T 中每一个元素 t 对应着联盟的状态 $x_i(w)$，且为随机变量，则将随机变量族 $x_i(w)$ 称为联盟状态转移的随机过程，记为 $X(w) = \{x_t(w) \mid t \in T\}$，或简写成 $X = \{x_t \mid t \in T\}$。因此，集合 X 和 T 中的元素都是离散型变量，$t > 0$ 且为正整数。由前文提出的基本假设可知，企业战略联盟演变的自发性对称破缺过程满足马尔科夫性。即在集合 T 中，存在一个元素 $\tau > t$，在 $t > t_{i_1} > t_{i_2} > ... > t_{i_s}$，满足：

$$P\{x(\tau) = j \mid x(t_{i_s}) = j_k, \ x(t_{i_{s-1}}) = j_{k-1}, \ ..., \ x(t_{i_1}) = j_1, \ x(t) = i\}$$
$$= P\{x(\tau) = j \mid x(t) = i\} \tag{3.1}$$

其中，$j_k, j_{k-1}, ..., j_1 \in X$，$\tau$ 时期企业战略联盟的状态 $W(\tau)$ 只与 t 时期的联盟活动 $x(t)$ 相关，而与 t 时期以前各期的联盟活动无关。一般而言，$P\{x_{t+k} = j \mid x_t = i\}$ 称为企业战略联盟由状态 i 经过 k 步转换后实现自发性对称破缺达到状态 j 的概率，记为 $p_{ij}^{(k)}$。其所构成的矩阵 $p_{ij}^{(k)} = |p_{ij}^{(k)}|_{m \times n}$ 称为企业战略联盟由状态 i 对称破缺达到状态 j 的 k 步转移概率矩阵，且 $|p_{ij}^{(k)}|_{m \times n}$ 为随机矩阵，依据马尔科夫链的定义可知，随机矩阵满足属性：

$$p_{ij}^{(k)} \geqslant 0, \ \sum_{j=1}^{m} p_{ij}^{(k)} = 1 \tag{3.2}$$

因为当联盟自发性对称破缺过程的状态经历至少两步转换，即 $k \geqslant 2$ 时，条件概率 $p_{ij}^{(k)}$ 与 t 无关，且联盟对称破缺的马尔科夫过程是齐次的，则可以将其转移概率记为 $p_{ij}^{(k)}$，其相应的随机转移概率矩阵记为 $P^{(k)}$，是具有遍历性的转移概率矩阵。

本章重在探求企业战略联盟演变过程中从一种状态达到另一稳态的自发性对称破缺机制；而企业战略联盟经历的时期的数量或长短并不是关注的重点。因此，利用企业战略联盟状态转移概率矩阵的稳态概率来计算联盟经历过有限阶段的自发性对称破缺之后的状态。若企业战略联盟的初始状态向量

已给定,为 $\prod^m(0)$,状态转移矩阵为 P^m,设其稳定状态概率向量为 $\prod^m = |\pi_1, \pi_2, ..., \pi_n|$,有

$$\prod^m = \lim_{k \to \infty} \left| \prod^m(0) P^{m(k)} \right| = \lim_{k \to \infty} \left| \prod^m(0) P^{m(k-1)} P^m \right| = \prod^m P^m \quad (3.3)$$

因此,未知向量 $\pi_1, \pi_2, ..., \pi_m$ 满足:

$$\prod^m = \prod^m P^m, \quad \sum_{i=1}^n \pi_i = 1 \quad (3.4)$$

由此可见,一旦联盟经过多次状态转移的对称破缺,联盟最终的稳态转移概率并不受初始状态向量 $\prod^m(0)$ 的影响。因此,只要联盟自发性对称破缺状态转移矩阵已知,就可以计算出联盟的稳态概率,从而剔除了联盟其他多个时期阶段的联盟状态的可能性。则本章的重点将转向联盟自发性对称破缺的状态转移矩阵,分析该矩阵中向量性质对稳态概率的影响,并提出企业战略联盟自发性对称破缺演变的不同稳定状态。

3.3.3 自发性对称破缺机制

马尔科夫转换模型(Markov Switching Model)是一种研究时间序列结构性变化的方法,通过外部数据计算系统内部处于何种不可观测到体制的概率,来对系统进行分析和预测。马尔科夫状态转移模型的特点在于,刻画事物变动过程由一个不可观测的状态变量所决定,而该状态变量可用马尔科夫过程来描述。

假设企业战略联盟系统自发性对称破缺演变过程中有 W_s 个状态,当 $t_i < t_j$ 时,分别对应系统在对称破缺 t_j 时刻的状态 W_j 与 t_i 时刻状态 W_i 有关,而与 t_i 时刻以前系统所处的状态无直接关系,即不管联盟系统状态 W_{s-2} 如何,只要联盟系统出现 W_{s-1} 的状态,则联盟系统出现 W_s 状态的概率就会确定。最终企业战略联盟系统经过多次状态转移后,联盟演变的马尔科夫过程逐渐趋于稳定状态,而与联盟的初始状态无关;而联盟初始状态转移概率可由以往的统计

资料和动态变化概率来确定。

假设企业战略联盟在 t_i 时刻所处的状态为 W_i，其状态向量可以表示为：

$$W_i(t_i) = \prod \{X_{t_i}(W_i),\ Y_{t_i}(W_i),\ Z_{t_i}(W_i),\ U_{t_i}(W_i),\ V_{t_i}(W_i)\} \quad (3.5)$$

在 t_j 时刻所处的状态为 W_j，其状态向量可以表示为：

$$W_j(t_j) = \prod \{X_{t_j}(W_j),\ Y_{t_j}(W_j),\ Z_{t_j}(W_j),\ U_{t_j}(W_j),\ V_{t_j}(W_j)\} \quad (3.6)$$

显然，在 $t_i \rightarrow t_j$ 过程中，联盟状态由 $W_i \rightarrow W_j$，在这两阶段转移过程中，其转移概率为 $P\{W_i \rightarrow W_j\} = P\{W_j/W_i\}$，则两阶段马尔科夫转移概率模型：

$$\min \sum_{j=1}^{2} \sum_{t=2}^{n} (W_j(t) - \sum_{i=1}^{2} W(t-1)_i P_{ij})^2$$
$$\text{s.t.} \qquad P_{ij} \geqslant 0$$
$$\sum_{j=1}^{2} P_{ij} = 1 \qquad i = 1,\ 2 \qquad\qquad (3.7)$$

$W_j(t)$ 是 t 时刻联盟处于状态 j 的概率，有 n 期阶段的数据和两个状态 i 和 j，j 表示转移概率，表示从状态 i 转化为状态 j 的概率，P 是一个 2×2 的矩阵。

马尔科夫过程是一种时间与状态均为离散的随机过程，在具体实现过程中，首先将连续的数据离散化为 k 种类型，然后计算相应类型的概率分布及其随时间的变化，以近似逼近事物演变的整个过程。若企业战略联盟系统自发性对称破缺后状态的变化可能产生的状态数有 s 个，则联盟系统状态有 W_1，W_2，...，W_i，W_j，...，W_s。通常，将 t 时刻联盟系统状态属性类型的概率分布表示为一个 $1 \times k$ 的状态概率向量 F_t，记为 $F_t = [F_{1,t},\ F_{2,t},\ ...,\ F_{k,t}]$，则不同时刻事物属性类型间的转移可用一个 $k \times k$ 的马尔科夫转移概率矩阵表示。假设联盟系统初始处于 W_i 状态，对称破缺后演变为 W_j 状态的概率记为 $p_{ij}^{(k)}$，转移概率矩阵用于企业战略联盟状态自发性对称破缺演化预测时，转换矩阵中的各元素是企业战略联盟成员企业继续经营、其他外部企业进入与内部成员企业退出的概率，行元素表示联盟企业继续经营或者退出的概率，列元素表示成员企业继续经营或者其他外部企业进入的概率。市场竞争环境中,这些因素在一定条件下可实现相互转移。则系统状态总的转移情况可用以下矩阵表示:

$$P^{(k)} = (p_{ij}^{(k)}) = \begin{bmatrix} p_{11} & p_{12} & \cdots & p_{1k} \\ p_{21} & p_{22} & \cdots & p_{2k} \\ \vdots & \vdots & \vdots & \vdots \\ p_{k1} & p_{k2} & \cdots & p_{kk} \end{bmatrix} \tag{3.8}$$

且有

$$\sum_{j=1}^{k} p_{ij} = p_{i1} + p_{i2} + \ldots + p_{ik} = 1, \ (i = 1, 2, \ldots, k) \tag{3.9}$$

其中,矩阵元素 p_{ij} 是 t 时刻联盟系统从状态 i 在下一时刻对称破缺后转移到状态 j 的概率,公式如下: $p_{ij} = n_{ij} / n_i$,在此,只考虑联盟中成员企业继续保持合作和退出联盟两种策略对联盟稳定性及状态的影响。其中,n_{ij} 表示在整个观察期内由 t 时刻至 $t+1$ 时刻,联盟自发性对称破缺由状态 i 转换为状态 j 的企业数量之和,n_i 是联盟在状态 i 时,企业数量之和。为了建立企业战略联盟内部成员企业和外部企业相互转移的概率,需要获取两方面资料:初期成员企业保留情况和从初期到本期企业数目的流动情况。转移概率矩阵之间的关系为:

$$p_{ij}^{(k)} = p_{ij}^{(k-1)} \cdot p_{ij} \tag{3.10}$$

其中 p_{ij} 为一步转移概率矩阵,$p_{ij}^{(k)}$ 为 k 步转移概率矩阵。联盟对称破缺前后系统状态之间的关系为: $W_j = W_i \times P^{(k)}$,其中 W_j 表示 i 状态经过 k 次转移后的联盟状态 j 向量,$W(0)$ 为联盟系统初始状态向量。

如果企业战略联盟在 t 时刻处于状态 i,n 步转换后,在 t_n 时刻处于状态 j,则将这种转移的可能性数量指标称为 n 步转移概率,记为 $F(x_n = j \mid x_0 = i) = F_{ij}^{(n)}$,相应的矩阵表达式如下:

$$F(n) = \begin{bmatrix} F_{11}^{(n)} & F_{12}^{(n)} & \cdots & F_{1N}^{(n)} \\ F_{21}^{(n)} & F_{22}^{(n)} & \cdots & F_{2N}^{(n)} \\ \vdots & \vdots & \vdots & \vdots \\ F_{N1}^{(n)} & F_{N2}^{(n)} & \cdots & F_{NN}^{(n)} \end{bmatrix} \tag{3.11}$$

战略联盟的演变过程,可以用不同阶段企业战略联盟所处的不同阶段的概率分布及变化来近似逼近。本章首先将企业战略联盟的状态离散化为两个阶段,然后计算相应状态的概率分布,得出进一步的转移概率矩阵,再求出其 $n(n \to \infty)$ 步转移概率矩阵,预测企业战略联盟的长期演变趋势。若是企业战略联盟状态在本期为状态 i,在下一阶段保持不变,则联盟转移平稳;若企业战略联盟状态 i 改变,则联盟在演变过程中发生阶段转移。通过计算企业战略联盟的 n 步状态转移概率矩阵,可以预测战略联盟状态的演变趋势。当 n 趋于无限时,则可得到状态转移概率矩阵的极限分布,从而可以预测企业战略联盟演变的长期发展趋势。

3.4　自发性对称破缺对联盟稳定性的影响

稳定性与对称性深刻的历史渊源,以及人们由对称原则向自发性对称破缺原理认识的转变,启发我们引入自发性对称破缺的视角,在借鉴自然科学和系统科学中经典稳定性研究的基础上,吸收战略联盟稳定性的经典研究成果,以尝试对战略联盟稳定性作出系统学意义上的诠释。

从联盟管理或市场竞争的角度而言,战略联盟需要考虑其稳定性,合作状态是否能够持续下去,是否处于稳定平衡状态,即各成员企业不出现退出联盟的情况,及其参与联盟所承诺的资源投入也不再变化。假如出现联盟的平衡状态,表现为上一阶段的状态经过概率转移后维度属性特征保持不变,这样就可以运用马尔科夫过程分析原理进行测算,其转移概率矩阵可表示为:$W_j =$

$W_i \times P^{(k)}$。如果联盟不同状态转移概率保持不变，通过计算可以获得，那么联盟内成员企业的资源投入比例，保持资源投入的稳定，从而联盟能够保持相对稳定的运行状态。

企业战略联盟要根据已知的预测结果对联盟现有运行机制进行相应的调整，联盟内成员企业依据其本身投入资源的比例决定其控制权配置，并从联盟运营中获取相应的利益。如果现实中联盟成员企业资源投入的比例大小，与通过马尔科夫过程测算后得到的各成员企业的资源投入比例相一致，那么联盟可保持相对稳定的平衡状态；反之，联盟状态将不能保持稳定，从而出现自发性对称破缺，达到另一个相对稳定的状态。亦即企业战略联盟的稳定性是一种相对的稳定，而在联盟进入平衡状态时，将保持相对较长时间的稳定性。

3.5　本章小结

企业战略联盟的演化发展，既随着外部经济环境的改变而改变，也受到联盟内成员企业相互作用的变化而变化。以往企业战略联盟演化的研究主要从经济学的视角，基于博弈论、合同理论、组织理论的思路去研究联盟演化的机理。而本章区别于以往企业战略联盟演化研究的路径，以崭新的视角和思路研究企业战略联盟的演化，从系统科学的视角，将企业战略联盟视为复杂的社会经济系统，运用自然界演化发展的最普遍、最基本的原理——对称破缺，来研究战略联盟系统的演变，结合现实中企业战略联盟发展演化的实际情况，通过建立基于马尔科夫过程的联盟状态随机转换模型，深入分析企业战略联盟在演变过程中自发性对称破缺机制，从而预测企业战略联盟的稳定状态，为企业战略联盟的稳定运行提供参考。在环境日益不确定性的今天，通过运用自然普遍规律，引入对称破缺的视角，研究遵循随机过程转换的企业战略联盟演变，深入联盟的本质，加深对战略联盟的系统性、动态性和层次性的认识，将更具科学性和普遍意义，并且试图在系统演化的分析框架中，分析战略联盟的稳定性，从而对战略联盟稳定性作出诠释。在环境不确定、合同不完全以及联盟成员机会主义行为动机下，强调对联盟合作发展过程中不同阶段的状态考量，基于宇宙五构素观，分别从时间、空间、物质、信息、能量五个维度去衡量战略联盟合作状态，有利于战略联盟管理实践中全面准确地掌握联盟合作信息和发展态势；并基于马尔科夫状态转换模型的分析，判断战略联盟发展状态，进而预测联盟合作发展的趋势，为企业战略联盟管理的实践提供一定指导。

但是，本章的模型是基于外部环境相对稳定的前提之下，研究联盟系统内部成员企业相互作用导致的自发性对称破缺机制，因此在实际操作中，还要综合考虑多种因素对联盟运行的影响。最后，本章基于马尔科夫过程的战略联盟自发性对称破缺机制的研究还仅局限于初步的理论探讨，如何应用马尔科夫转移模型定量分析联盟自发性对称破缺机制过程是值得进一步研究的方向。

第4章 战略联盟的演化性

　　战略联盟是高度演化和不稳定的,虽然以往学者基于不同理论视角揭示了联盟发展演化过程中的重要问题,但是对于联盟发展演化的根本因素还不够深入。以往的研究基于博弈均衡的分析揭示了联盟之间的合作竞争关系,但其无法体现现实联盟内动态的竞合模式;基于生命周期演化阶段的分析有效把握了联盟不同阶段的发展特点,但是未能更加深入地关注联盟本质;基于联盟学习、谈判等的机制分析深化了联盟的实践操作,但是缺乏对联盟演化机制的全面本质的探讨。本章引入自然科学、系统科学领域的自发性对称破缺视角,研究企业战略联盟演化过程的自发性对称破缺机制,拓展了联盟研究的理论基础,发展了传统研究对联盟稳定性演化机制研究的不足。

　　在战略联盟的研究文献中,关于联盟的产生动机、形成及其绩效方面的研究最为丰富,而很少有学者针对战略联盟的发展过程加以研究。基于以上认识,结合上一章内容中关于战略联盟系统构成和自发性对称破缺机制的阐述,本章将战略联盟视做一个社会经济系统,引入过程导向的自发性对称破缺视角和系统演化思想,受自然科学与系统科学中经典稳定性和演化研究的启发,在传统战略联盟稳定性和联盟演化研究成果的基础上,尝试从新的视角分析战略联盟的演化。

4.1　对称与对称破缺的螺旋推进

对称性和非对称之间是一种矛盾的对立统一关系,它们之间可以相互转化,并且这种对称性与非对称性的转化重建过程就是发生对称破缺的过程。伟大的辩证思想家黑格尔曾经说过:"一致性与不一致性相结合,差异闯进这种单纯的同一里来破坏它,于是就产生了平衡对称。平衡对称并不只是重复一种抽象的一致的形式,而是结合到同样性质的另一种形式,这另一种形式单就它本身来看也还是一致的,但是和原来的形式比较起来却不一致。由于这种结合,就必然有了一种新的、得到更多规定性的、更复杂的一致性和统一性。"对称破缺导致新的对称性的建立,并不是简单的恢复,重建后的对称性往往是处于更高层次上的对称性,可能具备一些新的特点及属性。若原有对称在破缺之后通过重建获得新的对称,对称性程度在反复的破缺、重建后逐步提高,系统就形成一种"螺旋渐进"式的进化或发展。如同生物的进化一般,通过不断打破生物体原有的平衡状态,不断吸收能够适应新的周围环境的生存的要素,重建适应能力更强的新的生物体。这种螺旋推进式的演化形式,与哲学中的"否定之否定"原理类似。我们从这里也可以看到理论之间的相通性。因此,我们认为,事物由本身的对称性向新的对称性重建,发生对称破缺的变换是一个不断循环往复的过程,是一个否定之否定的过程,是一个螺旋推进的过程。

4.2　自发性对称破缺与战略联盟演化动力

4.2.1　自发性对称破缺与联盟稳定性

稳定性是系统科学中的一个基本概念,用于讨论系统演化性质的重要内容。状态稳定性和结构稳定性是两种基本稳定性概念:前者是系统局部稳定性概念,指系统在演化过程中,系统的状态对初值扰动的敏感程度;后者是系统整体稳定性概念,指系统在演化过程对参数依赖的敏感程度。利用状态稳定性来讨论结构稳定性,利用系统的局部性质来讨论系统的整体性质,体现了系统科学从局部到整体的思想。另外,传统上所理解的稳定性,是一种平衡的、静止的稳定性,而现代系统科学所理解的稳定性,是一种非平衡的、发展的稳定性。

系统是在充满各种扰动因素的环境下产生出来并存续运行的,受到扰动后能否恢复和保持原来行为的相对恒定性,就涉及系统的稳定性问题。对于新生系统而言,只有具备稳定机制,才能保持刚刚建立起来的结构和特性,保存已积累的信息,从而避免昙花一现。由此可知,现实中存在的一切系统,就整体而言,都应该具有一定的稳定性。然而,系统是具有层次性的,不同层次的系统的稳定性应有所区别,以反映该层次系统不同的结构和功能。根据自发性对称破缺与系统演化的思想,系统在交换物质、能量和信息的过程中,下层系统(局部)的稳定性相对上层系统(整体)更容易遭到破坏,即产生系统稳定性的"自发性对称破缺"。

鉴于以上分析,在自发性对称破缺视角下,系统的稳定性不仅有局部与整体的层次之分(分别对应于状态稳定性和结构稳定性),而且有强弱程度之分,即结构稳定性是强稳定性,而状态稳定性为弱稳定性。这样一来,如果我们将战略联盟视为一种复杂社会经济系统,则战略联盟稳定性就可以在自发性对称破缺视角下得到新的诠释。按照系统科学中关于稳定性的分类,我们可以将战略联盟的稳定性分为两类:战略联盟的状态稳定性和战略联盟的结构稳定性(对应于战略联盟的弱稳定性和强稳定性),以反映战略联盟系统中的(相对)局部稳定性和(相对)整体稳定性。

4.2.2　战略联盟演化的系统动力

当今企业生存在一个动态变化的环境里,其成长即建立在自身前期发展的基础之上又依赖于同时代其他企业的发展。企业的发展必须与外部环境相互交换物质、能量与信息,从企业单体作业演进为企业与合作伙伴耦合成一个多主体的企业系统,相互促进、相互适应、相互发展。把企业间的战略联盟作为一个整体系统,由相互联系、相互作用和相互制约的各种实体按照一定的规则所组成的具有自身发展规律的有机整体,而其成员企业可视为子系统,企业子系统由于在拥有技术资源、知识资源、人力资源、信息与管理资源等方面的差异性和互补性,吸引了不同企业子系统的渗透与融合、竞争与合作、互动与制约,从而以非线性相互作用耦合成一个战略联盟系统。整个战略联盟演化是一个由过去指向未来的不可逆过程,充满着对称破缺的创造性进化。

由系统科学的思想可知,战略联盟系统自我发展的根本动力是联盟系统内成员企业的矛盾与竞争,联盟成员企业之间产生的追逐机会主义收益等心理动机的变化,引起其他成员发生相应的行为变化,如监督机制不完善、冲突行为等,导致最终联盟成员企业的收益产生变化,包括预期收益以及收益分配问题,而收益的变化又反过来影响到联盟成员合作的心理动机,包括满意度、信任度等。因此,联盟内成员企业之间的互动关系形成涨落,构成联盟内产生自发性对称破缺的内在诱发动力。当联盟内外部环境的变化导致成员企业失去或降低其获利能力,或隐藏影响其获利能力的隐患,或伙伴企业获得了提升其获利能力的因素,包括技术、市场、资源、信息、知识等因素,那联盟成员企业的心理就会产生不平衡,也就产生寻求机会主义收益的动机,在联盟整体稳定运行的情况下,产生了局部小范围内的不稳定,并通过成员企业之间非线性的相互作用,推动战略联盟不断演化。

作为复杂社会经济系统,战略联盟的演化均是联盟系统在与外界交换物质、能量和信息的过程中实现的,我们可以将物质对应为企业构建联盟的资源投入,将能量对应为企业声誉等联盟合作能力,将信息对应为企业信息、文化、认知等联盟内成员企业的沟通融合。按照系统科学观点,系统与环境互塑共生,环境为企业战略联盟系统提供生存发展需要的空间、资源、激励的同时,也会给系统施加约束、扰动和压力等,联盟系统对环境的激励或压力作出适时的回应,进行调整和适应。环境输入的物质、能力与信息干扰联盟系统,从而打破系统内部相互作用的转化,推动联盟系统改变自身实体特性和结构关系,并通过不断学习、调整,寻找新的结构和合作模式与环境适应,因此,通过环境的外界诱发,使得联盟系统内部产生"自发性对称破缺"。

4.3 战略联盟的稳定、破缺与演化

战略联盟系统的演化有不同的方向,上向的前进演化,无序无组织到有序有组织的演化,或低序低组织到高序高组织的演化和下向的后退演化,有序到无序的演化或高序到低序的演化。战略联盟系统演化趋势呈现系统边界模糊、结构动态变化、相互作用非线性等特征,有益于联盟系统与外部环境之间的物质、信息、能量的交换大范围、高层面、多渠道地进行,通过企业战略联盟内成员企业之间的耦合、交流、反馈,提升联盟长期利益关系和价值。在国内外学者对战略联盟演化的研究成果基础上,本书通过借鉴自然科学和系统科学中关于演化研究的思想和概念,引入自发性对称破缺的视角,试图构建系统性、动态性和层次性的联盟演化分析框架,结合以往关于战略联盟演化的研究成果,在新的视角下对战略联盟演化做出新的诠释。

以往战略联盟演化的研究分别以心理(比如博弈论中提到的理性和公平,战略行为理论中提到的耐心)、行为(交易成本理论中的机会主义行为,组织学习理论中的"学习竞赛")和绩效收益(资源依赖理论中的资源,代理理论中的企业战略目标)作为影响战略联盟演化的主要因素,且均强调战略联盟的稳定性问题;在自发性对称破缺视角下,我们可以从"心理破缺"→"行为破缺"→"收益破缺"→"心理破缺"……的研究思路(高杲和徐飞,2012),更系统地对战略联盟"自发性对称破缺"的演化机制进行探讨。

自发性对称破缺视角下,联盟的演化既要关注因联盟企业状态变化(即联

盟内部扰动因素)产生的状态稳定性问题,又要考虑联盟企业组成的系统整体与联盟系统外部环境(如联盟所处的政治环境、经济环境、文化环境等对战略联盟演化影响较大的各种外部环境)在交换物质、能量和信息时产生的结构稳定性问题。因此,在自发性对称破缺视角下,战略联盟的演化可以从局部因素和整体因素以及内因和外因方面,得到更为全面和系统的诠释。

从战略联盟的某一局部状态受到扰动出发,在自身理论框架内,对于战略联盟的局部不稳定性作出了逻辑自洽的解释,这些解释均可归纳到战略联盟演化的"自发性对称破缺"分析框架中;在各种局部扰动因素作用下,战略联盟的演化实现了"自发性对称破缺",即从战略联盟整体稳定发展的情况下,由于内部干扰而出现局部不稳定性,导致联盟演化发展。

4.4　本章小结

综上所述,本章引入与系统演化密切联系的对称破缺视角,并尝试对战略联盟演化作出系统学意义上的诠释,结合联盟稳定性的研究,将联盟演化的自发性对称破缺解释纳入一个统一的分析框架中。在自发性对称破缺视角下,对战略联盟演化展开初步探讨,从而丰富理论界对战略联盟演化的理解。

第 5 章 战略联盟演化的概念模型与实证研究假设

5.1 研究变量

5.1.1 战略联盟状态变量

联盟状态是联盟生命期内任意时刻联盟所具有的阶段性特征,如前面第 3.2 节所述,企业战略联盟的系统构成主要包括空间维度、时间维度、资源维度、信息维度、能量维度。

5.1.2 战略联盟破缺变量

以下进一步基于心理、行为、收益等客观、不可避免的内部因素将战略联盟中自发性对称破缺划分为心理破缺、行为破缺、收益破缺,并进行概念界定。

1. 心理破缺

企业战略联盟的心理破缺,主要是针对联盟成员在合作过程中的心理考量。参考点是一种对收益的心理感知,它是联盟成员考虑的标杆之一,一定程度上联盟成员将优先考虑参考点的实现,当参考点和约定的联盟收益目标产生错位,就会发生破缺。因此,正是"参考点"这种对收益感知的存在,使得联盟的收益分配产生更多的复杂性和不确定性。为使对联盟合作心理刻画更贴近于现实世界,更适合揭示现实联盟演化机制,联盟合作过程中两大典型参考点:契约参考点(Hart & Moore, 2008)和价值参考点(Tversky & Kahneman, 1981)的感知都是自发性对称破缺在联盟演化中的心理破缺。联盟成员对授权的感觉被其所签署的契约所决定,对应于完美收益点,这种感觉就是契约的参考点,契约参考点是相对于契约约定收益的心理破缺。而财富的变化值,相对于某一参考值的变化的参考值就是价值参考点,价值参考点也是相对于契约约定收益的心理破缺。企业战略联盟心理破缺在现实中主要表现为联盟合作过程中联盟成员彼此之间的态度、相互之间的信任程度和依赖性,以及是否实现联盟成立之初的预期目标等。

2. 行为破缺

企业战略联盟的行为破缺,主要是基于联盟成员在合作过程中的机会主义行为分析,经济学中将机会主义定义为主观故意,管理学中对机会主义的界定更宽,如通过学习、技术合作而形成的可能对合作方的利益接触等情况。联盟成员的机会主义行为在此主要包括主观上故意接触和侵害合作方核心利益的行为的主观机会主义行为;主观上无意而客观上接触并侵害到合作方核心利益的过失行为的客观机会主义行为,它表现出人性、实践性、突变性、演变性、利己利他相结合性、不断优化性。企业战略联盟行为破缺在现实中主要表现为联盟成员在合作过程中由于信息不对称产生的监督行为及其发生的冲突行为等。

3. 收益破缺

企业战略联盟的收益破缺,主要是针对战略联盟合作过程中联盟成员之间的利益分配机制,联盟的收益包括了资源、声誉、价值链、社会网络等要素,收益破缺深入联盟内部发掘出收益分配的不同归属范围,企业战略联盟合作过程中的机会收益和预期收益是两类主要的联盟收益破缺形式,机会收益是有别于契约约定的一种收益破缺,导致联盟收益分配边界的模糊;联盟演化中的预期收益是对未来收益的预期值,该预期值不一定等同于契约约定分配的收益,联盟的收益破缺就是预期值与约定值之间的差异。企业战略联盟收益破缺在现实中主要表现为联盟合作过程中成员之间利益分配机制的不成熟或者不利于本方企业而导致的联盟破缺现象。

5.1.3　战略联盟演化变量

以往学者大多使用演化或演变(evolution)表示战略联盟的变化(change),本项研究也沿用此术语,将战略联盟的演变等同于战略联盟的变化,即联盟成员之间合作关系的改变。一般而言,联盟合作伙伴的关系要通过签订合同或相关协议来界定和维持,而在合作过程中,联盟成员之间的重大变化一般都会重新进行谈判或出现违约现象,因此联盟成员的合同关系是合作关系的具体体现。基于战略变化测量的三个主要角度:战略变化发生的可能性(进程方向),战略变化测度的过程特征(包括战略变化持续的时间、力度、速度和幅度等),战略内容的变化。在此,我们将企业战略联盟的演化过程认为是战略联盟的发展过程,联盟从形成初始所经历的变化,直到最终解体的进程。战略联盟作为一个社会系统,其演化有不同的方向,不确定的速度、频率以及变化程度;因此战略联盟演化研究的主要内容包括了时间性(演化速度),方向性或可能性,业务范围的变化或联盟变动程度。

1. 联盟演化速度

战略联盟演化速度是指联盟成员在合作过程中彼此关系发生变化的频率,即变化所需时间的长短,主要是指联盟在合作发展过程中,联盟结构、联盟成员、联盟管理团队、联盟业务情况、联盟战略决策变化的频率或时间长短,以反映联盟的稳定性。

2. 联盟演化幅度

战略联盟演化幅度是联盟合作运营的战略内容在纵向和横向上延伸的深度和广度。基于 Barker(1997)和 Bansal(2003)等学者针对企业战略变化的研究,本项研究的战略联盟演化幅度的内容涉及联盟业务变化范围,联盟战略目标的偏离程度,联盟成员数目变化大小,联盟管理团队以及联盟的横向或纵向延伸。

　　3. 联盟演化方向

　　战略联盟演化方向是指联盟成员在战略联盟合作过程中,决定是否继续维持联盟的正常运行或是联盟解体。联盟成员对战略联盟整体合作绩效和过程进行评价调整,并对合作契约作出相应修改,或是保持联盟继续运营,或是通过协商退出联盟,并最终作出终止合作契约的决定。战略联盟演化方向的内容主要包括联盟合作关系维持的必要性,伙伴企业的重要性,是否建立相应的合作友谊,是否着眼于长期合作收益并愿意投入更多资源等。

5.2　概念模型

5.2.1　战略联盟演化机制

　　根据战略联盟演化进程,本项研究将联盟演化机制划分为演化速度、演化幅度和演化方向三个维度,将战略联盟合作状态维度作为调节变量、联盟心理、行为和收益破缺机制和联盟演化速度、幅度和方向都纳入同一个整体模型,通过实证检验来探讨其内在机理,整体概念模型如图 5.1 所示。

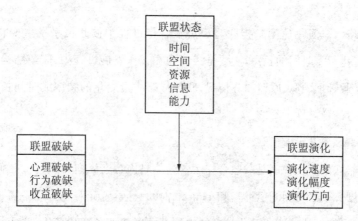

图 5.1　战略联盟演化的整体概念模型

5.2.2　战略联盟破缺机制

根据联盟演化过程中心理破缺、行为破缺和收益破缺三者之间的关系(高杲和徐飞,2012),从全过程角度分析联盟演化机制,对于心理—行为、行为—收益、收益—心理相互作用机制的分析贯穿联盟演化进程,将联盟破缺机制分为心理破缺机制、行为破缺机制和收益破缺机制三类,三者的逻辑关系如图 5.2所示,其中心理破缺机制包括了联盟成员对合作的满意度、成员彼此之间的信任度等测度变量,行为破缺机制包括了联盟成员之间对彼此个体行为的有效监督以及联盟成员企业之间的冲突行为,收益破缺机制主要是针对联盟成员之间因联盟合作目标绩效的评价以及产生的利益分配问题。

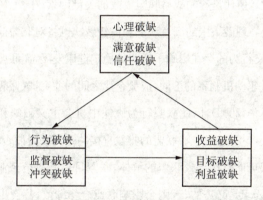

图 5.2　战略联盟破缺机制

5.3　研究假设

5.3.1　关于直接作用的假设

1. 联盟演化机制直接作用关系的研究假设

对联盟演化过程的研究表明,联盟是高度演化和不稳定的,联盟合作过程中,将出现一系列破坏或维持联盟演化的因素,这也是联盟演化的动力(Das and Teng,2002)。企业战略联盟的演化涉及战略变化的速度、战略变化的幅度两个基本特征(李垣、刘益、冯珩,2005)以及联盟的进程方向(张先国、杨建梅,2003)。我们预期联盟心理破缺、行为破缺和收益破缺等因素对联盟演化的不同维度都会产生不同影响,基于上述关于三类破缺对联盟演化的影响关系的预期,因此提出如下研究假设:

H1a:联盟心理破缺对联盟演化有显著影响;

H1b:联盟行为破缺对联盟演化有显著影响;

H1c:联盟收益破缺对联盟演化有显著影响。

基于以上联盟破缺变量对联盟演化的影响,以及联盟心理破缺、行为破缺和收益破缺的内涵,联盟合作的满意水平直接关系到联盟的稳定性及进程(王若钢、冯英浚,2008),信任是影响战略联盟成败的关键因素(朱奕、陈利明、褚小辉,2010),因此联盟心理破缺中的满意破缺和信任破缺也将对联盟演化产生直接影响;联盟机会主义行为的存在影响了联盟的稳定健康发展,而联盟机会主义行为包括了企业利益驱动机制不的不同,成员企业之间的冲突,联盟管理机制的欠缺等(赵昌平、葛卫华,2009),因此联盟行为破缺中机会主义破缺和冲突破缺也将对联盟演化发展产生直接影响;联盟的收益直接关系到联盟能否继续开展合作,收益的破缺将很可能直接导致联盟的解体,联盟目标是成员企业实现合作的目的,一致的目标要求是必需的,否则会影响联盟合作绩效,甚至出现联盟中途分裂(张青山、游明忠,2003),联盟合理分配上联盟收益分配的关键,也关系到联盟合作的满意度水平(李彤、张强,2010),因此联盟收益破缺中绩效破缺和分配破缺也将对联盟演化产生直接影响。基于以上理论预期,提出如下研究假设:

H2a:联盟满意破缺对联盟演化有显著影响;

H2b:联盟信任破缺对联盟演化有显著影响;

H2c:联盟机会主义破缺对联盟演化有显著影响;

H2d:联盟冲突破缺对联盟演化有显著影响;

H2e:联盟绩效破缺对联盟演化有显著影响;

H2f:联盟分配破缺对联盟演化有显著影响。

2. 联盟破缺机制直接作用关系的研究假设

战略联盟成员企业不同的心理和动机,通常会产生不同的合作行为。联盟成员对联盟合作状态的满意度(李彤、张强,2010)以及对合作伙伴的信任度都可能会导致联盟成员的投机行为的风险(潘镇、李晏墅,2008;徐玮、杨占昌、韩永,2009),而联盟成员企业在信息不对称情况下由于监督激励机制的缺失而发生机会主义行为(何宾,2009),并由此产生联盟成员之间的冲突(刘国新、闫俊周,2009)。而联盟成员之间不同的合作行为,将直接影响联盟最终的收益绩效,关乎联盟目标能否顺利实现,以及联盟成员各自的私人收益。而又联盟收益分配等一系列影响联盟成员各自收益的问题,又会影响联盟成员后续的合作动机和心理。因此,基于以上的逻辑框架,针对涉及联盟心理破缺、行为破缺和收益破缺的联盟破缺机制,提出如下研究假设:

H3:联盟心理破缺对联盟行为破缺有正向影响;

H3a:联盟满意破缺对联盟机会主义破缺有正向影响;

H3b:联盟信任破缺对联盟机会主义破缺有正向影响;

H3c:联盟满意破缺对联盟冲突破缺有正向影响;

H3d:联盟信任破缺对联盟冲突破缺有正向影响;

H4:联盟行为破缺对联盟收益破缺有正向影响;

H4a:联盟机会主义破缺对联盟绩效破缺有正向影响;

H4b:联盟冲突破缺对联盟绩效破缺有正向影响;

H4c:联盟机会主义破缺对联盟分配破缺有正向影响;

H4d:联盟冲突破缺对联盟分配破缺有正向影响;

H5:联盟收益破缺对联盟心理破缺有正向影响;

H5a:联盟绩效破缺对联盟满意破缺有正向影响;

H5b:联盟分配破缺对联盟满意破缺有正向影响;

H5c:联盟绩效破缺对联盟信任破缺有正向影响;

H5d:联盟分配破缺对联盟信任破缺有正向影响。

5.3.2 关于互补作用的假设

1. 联盟破缺对联盟演化影响的互补作用

在影响战略联盟演化的过程中,联盟心理破缺、行为破缺和收益破缺之间可能存在某种互补关系。根据战略管理领域的相关文献(Venkatraman,1989),互补关系可以用变量间的新交互效应(fit as moderating)来衡量。我们预期联盟心理破缺、行为破缺和收益破缺的交互效应将积极推动联盟演化,并且这一关系在联盟演化速度、演化幅度和演化方向中都存在,因此,提出如下研究假设:

H6a:联盟心理破缺和行为破缺的交互项对联盟演化有显著影响;

H6b:联盟行为破缺和收益破缺的交互项对联盟演化有显著影响;

H6c:联盟心理破缺和收益破缺的交互项对联盟演化有显著影响。

2. 联盟破缺机制内的互补作用

联盟破缺机制包括了联盟心理破缺、行为破缺和收益破缺三者的相互关系,且彼此关系复杂,还可能包含了不同破缺要素之间的互补作用,围绕联盟"心理—行为"破缺机制、"行为—收益"破缺机制、"收益—心理"破缺机制,联盟心理破缺的满意破缺和信任破缺的交互效应也会导致联盟的行为破缺,联盟行为破缺的机会主义破缺和冲突破缺的交互效应也会导致联盟的收益破缺,联盟收益破缺的绩效破缺和分配破缺也会导致联盟的心理破缺。基于此,我们提出如下研究假设:

H7a:联盟满意破缺和信任破缺的交互项对联盟机会主义破缺有显著影响;

H7b:联盟满意破缺和信任破缺的交互项对联盟冲突破缺有显著影响;

H8a:联盟机会主义破缺和冲突破缺的交互项对联盟绩效破缺有显著影响;

H8b:联盟机会主义破缺和冲突破缺的交互项对联盟分配破缺有显著影响;

H9a:联盟绩效破缺和分配破缺的交互项对联盟满意破缺有显著影响;

H9b:联盟绩效破缺和分配破缺的交互项对联盟信任破缺有显著影响。

5.3.3　关于调节作用的假设

1. 联盟破缺对联盟演化的调节作用

考虑到联盟破缺机制的复杂性,在联盟心理破缺、行为破缺和收益破缺的循环作用机制下,联盟心理破缺和行为破缺可能对联盟收益破缺与联盟演化关系有调节作用;联盟行为破缺和收益破缺可能对联盟心理破缺与联盟演化关系有调节作用,联盟心理破缺和收益破缺可能对联盟行为破缺与联盟演化关系有调节作用。在此,我们提出如下研究假设:

H10a:联盟满意破缺和收益破缺的交互项对联盟演化有显著影响;

H10b:联盟信任破缺和收益破缺的交互项对联盟演化有显著影响;

H10c:联盟机会主义破缺和收益破缺的交互项对联盟演化有显著影响;

H10d:联盟冲突破缺和收益破缺的交互项对联盟演化有显著影响;

H11a:联盟机会主义破缺和心理破缺的交互项对联盟演化有显著影响;

H11b:联盟冲突破缺和心理破缺的交互项对联盟演化有显著影响;

H11c:联盟绩效破缺和心理破缺的交互项对联盟演化有显著影响;

H11d:联盟分配破缺和心理破缺的交互项对联盟演化有显著影响;

H12a:联盟满意破缺和行为破缺的交互项对联盟演化有显著影响;

H12b:联盟信任破缺和行为破缺的交互项对联盟演化有显著影响;

H12c:联盟绩效破缺和行为破缺的交互项对联盟演化有显著影响;

H12d:联盟分配破缺和行为破缺的交互项对联盟演化有显著影响。

2. 联盟合作状态对联盟破缺与联盟演化关系的调节作用

关于联盟状态的研究揭示了联盟演化的动力,联盟状态不同,联盟演化的进程就会不同,从而联盟演化的过程阶段也会不同,以便识别不同联盟合作状态对联盟演化的差异。在联盟演化过程中,联盟状态也随时动态地演化,联盟状态本质上是动态的并贯穿联盟整个生命周期(Arino & de la Torre, 1994),联盟合作状态既是独立的又是互动的,联盟破缺影响着联盟的演化,而联盟的合作状态又对联盟破缺与联盟演化关系产生一定的影响和调节作用。

在此,我们提出如下假设:

H12a:联盟合作时间和心理破缺的交互项对联盟演化有显著影响;

H12b:联盟合作时间和行为破缺的交互项对联盟演化有显著影响;

H12c:联盟合作时间和收益破缺的交互项对联盟演化有显著影响;

H13a:联盟合作空间和心理破缺的交互项对联盟演化有显著影响;

H13b:联盟合作空间和行为破缺的交互项对联盟演化有显著影响;

H13c:联盟合作空间和收益破缺的交互项对联盟演化有显著影响;

H14a:联盟合作资源和心理破缺的交互项对联盟演化有显著影响;

H14b:联盟合作资源和行为破缺的交互项对联盟演化有显著影响;

H14c:联盟合作资源和收益破缺的交互项对联盟演化有显著影响;

H15a:联盟合作信息和心理破缺的交互项对联盟演化有显著影响;

H15b:联盟合作信息和行为破缺的交互项对联盟演化有显著影响;

H15c:联盟合作信息和收益破缺的交互项对联盟演化有显著影响;

H16a:联盟合作能力和心理破缺的交互项对联盟演化有显著影响;

H16b:联盟合作能力和行为破缺的交互项对联盟演化有显著影响;

H16c:联盟合作能力和收益破缺的交互项对联盟演化有显著影响。

5.4 本章小结

本章基于战略联盟演化及稳定性研究的相关文献,界定本实证研究中涉及的战略联盟状态、自发性对称破缺和联盟演化的基本概念,构建自发性对称破缺视角下战略联盟演化实证研究的概念模型,并在以往学者研究的指导下,提出关于联盟破缺机制及其对联盟演化影响的研究假设,为后文的问卷设计、获取调研数据和统计检验打好基础。

第 6 章　实证研究设计与方法

6.1　研究思路

    本研究遵循实证研究的程序：在文献回顾的基础上提出假设，通过问卷调查法收集数据，在评估研究工具的信度和效度之后，对假设进行检验，最后对研究发现进行归纳和讨论。这一过程中运用的统计方法主要包括：探索性因子分析、信度分析、结构方程模型（验证性因子分析）、回归分析。研究过程可归纳为图 6.1。

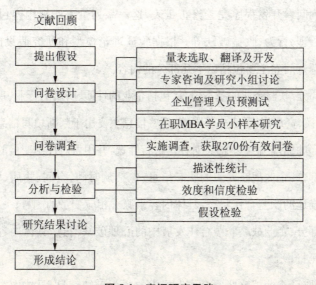

图 6.1　实证研究思路

6.2 问卷设计

在管理的实证研究中,既可以采取客观的数据,也可以采取主观的数据。由于本研究涉及的内容没有现成客观的数据,因此主要通过调查问卷采取主观评价的方式获取研究所需要的数据。

6.2.1 联盟破缺演化问卷的结构

本研究的主要目的是实证分析自发性对称破缺视角下企业战略联盟的演化机理,包括战略联盟合作发展过程中心理破缺、行为破缺、收益破缺和企业战略联盟演化机制之间的关系,以及企业战略联盟合作状态对战略联盟演化的影响。研究所采用的测量工具可分为两部分,一部分调查问卷题目是直接借用以往相关研究的成熟量表,例如企业战略联盟信息及合作状态,联盟演化量表;另一部分调查问卷题目是课题组通过大量文献的总结,在借鉴国内外相关学者度量方法的基础上,通过和企业访谈、专家检验、案例研究和问卷预测试等一系列问卷开发程序完善修正量表,这一系列量表所涉内容包括联盟合作发展中心理、行为、收益破缺等。根据验证理论模型和研究假设的需要,本项研究的调查问卷主要包括以下几部分的内容。

第一部分:联盟企业的基本信息,包括企业的性质、所属的行业、现有员工人数、销售规模、资产规模、成立年限等,这些信息主要用于判断填写信息的真实性和可靠性,可根据企业基本信息对样本进行筛选,并用做对控制变量的测量。

第二部分:企业战略联盟的状态信息,包括从时间、空间、物质、信息、能量五个方面描述的联盟合作状态,具体内容来源于相应变量的测量;

第三部分:企业战略联盟合作发展中的心理破缺信息,具体内容来源于相应变量的测量;

第四部分:企业战略联盟合作发展中的行为破缺信息,具体内容来源于相应变量的测量；

第五部分：企业战略联盟合作发展中的收益破缺信息，具体内容来源于相应变量的测量；

第六部分：企业战略联盟演化的信息，主要包括演化速度、演化幅度和演化方向三个维度的信息，具体内容来源于相应变量的测量。

6.2.2　联盟破缺演化问卷设计过程

问卷质量的好坏直接关系到研究数据的真实性和有效性，最终关系到研究结果的可靠性和科学性，因此在管理实证研究中至关重要。为了提高问卷的质量，本研究主要采取以下步骤和方法对问卷设计的过程进行控制。

(1) 初步量表选取。首先，为确保测量工具的效度及信度，我们尽量选用国内外研究中使用过的量表。参考的国外实证研究的量表，由本课题组初译，随后请管理学专家教授、英语专业硕士研究生和管理学博士研究生分别独立地对翻译质量做出评价，并提出修改建议，在综合这些修改意见后，由本课题组集体商讨确定译文；其次，考虑到本项目研究的原始创新性，除相关企业战略联盟的实证研究量表的选取外，特别通过课题组讨论、专家咨询等方式，开发了联盟合作的"破缺"量表。量表经过本项目研究小组(包括管理学教授和五位管理学博士研究生)反复讨论，主要是根据理论基础和研究需要对量表题项进行初步筛选，并在此基础上形成调查问卷初稿。

(2) 咨询专家学者的意见。对于课题中核心变量的量表，我们还特别考虑了其在中国情境下的适用性。研究者邀请专家学者和业界人士进行访谈，逐句确认问卷中问题的表面效度，以确保翻译用词能否正确表达原始问题的基本精神，问卷中题项的写法是否清晰明确、容易了解，问卷题项与变量的操作性定义是否一致，问卷内容是否清楚呈现概念意义，以及是否需要根据理论再增减题项。然后，针对翻译的测量工具，研究者再邀请两位熟悉英文与中文的专业人士进行回译，回译的结果经对照原文并与译者讨论后，所有问题均符合课题调研的主旨。

（3）通过文献研究和实地访谈提高量表的内容效度。问卷中最核心的部分是对研究变量的测度，包括联盟状态特征的测度、联盟合作心理破缺、行为破缺和收益破缺的测度，以及联盟演化的测度。本研究首先对上述变量在现有相关实证研究中的测量进行仔细研读，并进行借鉴，设计本研究的初步量表；然后利用课题组的集体讨论，专家咨询，以及相关业界人士进行访谈，加深对战略联盟合作发展以及联盟合作破缺概念内涵的理解，对初步量表进行修正，尽量确保研究量表的内容和联盟的实际情况相符。

（4）调查问卷的预调研。问卷经过初步设计后，选择少数战略联盟企业进行深入的试调研。其中一家为上市的大型电子企业，另一家是中小型的制造企业。试调研的目的是想了解企业是否能够明白问卷的内容，以及在填写过程中是否存在其他问题。笔者将调查问卷发放给上述两家存在于联盟内的企业，请他们仔细阅读并填写问卷；然后与这两家企业的相关人员约好时间亲自拜访，进行访谈询问听取他们对问卷的意见。反馈的主要意见有：第四部分"员工和联盟伙伴的相似程度"和第五部分"联盟内企业互动程度"的内容不太容易填写，因为内容比较抽象，不太容易判断。因此，本研究对这两部分内容进行了进一步细化，并增加了相关测量项目，以便对样本数据中相关信息的有效性进行判断，最终形成向样本企业发放的调查问卷（见附录）。

6.2.3 联盟破缺演化的预测试

问卷初稿选择上海市某高校在读 MBA 学员的企业中高层管理人员进行预测试，有 21 位来自不同企业的学员参与。预测试在课间进行，先由课题组成员说明调查目的，随后请学员独立完成问卷。在所有学员完成问卷后，课题组请学员对问卷内容提出意见，主要包括"题项是否符合中国企业的实际情况"、"题项是否易于理解"、"题项能否代表所要测试的变量"、"是否有更恰当的题项可以补充"等几个方面。此外，课题组成员还统计了学员完成问卷所花费的时间，由于量表设计较多，因此被调查对象完成问卷所需时间也较长。

　　根据预测试反馈的信息,研究小组对问卷进行了修改。修改主要包括以下四种情况:(1)补充战略联盟概念的解释,以便被调查者准确完成问卷调研内容。(2)关于问卷的题项顺序安排方面,可以层层推进,从而显得更加具有逻辑性,也更容易对某方面有更加深入的了解。(3)一些问题的答案较为敏感或偏于客观,是企业管理人员不了解或不愿意如实回答的,例如,原始绩效量表中的"利润"和"行业中的竞争位序"。我们将其替换为更为主观、管理人员也更容易回答的题目,如"盈利能力"和"相对于竞争对手的整体竞争优势"。(4)一些题项所描述的情况与现实有较大差距,我们用更合适的题目进行替换,或根据企业管理人员的意见重新构造主旨相近的题目。(5)少数题项的含义较为笼统、重复或含混,修改使其更加精确,特别是程度副词的使用(如较长、较多、较近等)或予以删除。(6)对问卷中有些题项的重点关键词予以强调以及陈述方式进行了调整,使其更符合日常表达习惯。

6.2.4　联盟破缺演化的小样本测试

　　修改后的问卷在上海市某重点高校的在职 MBA 学员中进行小样本测试,共回收 168 份填答较为完整的问卷。根据小样本数据的统计分析结果,除了个别量表中的个别题项外,基本满足探索性因子分析,主要存在以下问题:(1)部分量表的个别题项跨因子负载较为严重;(2)部分量表的个别题项表现为信度过低。

　　总体来看,量表在小样本测试中具备较好的信度和效度,量表适合中国企业的管理情境,也更便于企业管理人员的理解和作答,因此经过多轮修改后的正式问卷即被用于随后的正式调查。

6.3　量表设计

6.3.1　联盟合作状态量表

　　根据本研究中关于基本概念的界定,企业战略联盟的状态可分别从时间、空间、资源、信息、能力五个维度进行刻画。基于以往战略联盟在合作时间、距离、资源投入、信息沟通以及能力互补培育方面的实证研究文献,本项目在时间维度使用5个题项来测量,空间维度使用3个题项来测量,资源维度使用6个题项来测量,信息维度使用7个题项来测量,能力维度使用9个题项来测量(表6.1)。问卷采用李克特五分制量表测量尺度,量表刻度为"以下描述与贵公司真实情况:1表示强烈不赞同,5表示强烈赞同"。

表6.1 战略联盟合作状态量表

变　量	编　号	题　　项
时　间	A1	我们公司倾向于与曾经有过良好合作的伙伴建立联盟
	A2	我们公司与联盟伙伴结成联盟前曾有过良好的合作关系
	A3	我们公司与联盟伙伴结成联盟前仍保持良好的业务往来
	A4	我们公司对联盟伙伴的声誉有良好的印象
	A5	此项联盟合作的持续时间(实际发生或预期)很长
空　间	B1	我们公司倾向于与近距离的企业建立联盟
	B2	我们公司与联盟伙伴之间所处的地理位置距离很近
	B3	我们公司的联盟合作得到当地区域政策的大力支持
资　源	C1	此项联盟合作的总投资规模很大
	C2	我们公司向联盟投入了大量的物质资源
	C3	联盟伙伴企业向联盟投入了大量的物质资源
	C4	联盟运营获得了足够的资源
	C5	我们公司还为联盟投入了很多其他资源
	C6	联盟伙伴企业还为联盟投入了很多其他资源
信　息	D1	我们与联盟伙伴存在正式的信息沟通渠道
	D2	我们与联盟伙伴存在非正式沟通渠道,如私下聚会交流
	D3	我们与联盟伙伴之间的信息交流时间很充分
	D4	我们与联盟伙伴交流沟通内容很全面
	D5	我们与联盟伙伴之间沟通协调做到了公平、公正、公开
	D6	信息的沟通有效解决了我们与联盟伙伴之间的冲突矛盾
	D7	我们与联盟伙伴的企业文化能够相互融合
能　力	E1	我们公司有着丰富的合作和联盟经验
	E2	联盟关系有利于本公司建立竞争优势
	E3	我们公司在联盟中处于主导地位
	E4	我们公司提供给联盟合作所必要的技术或市场能力
	E5	联盟伙伴提供给联盟合作所必要的技术或市场能力
	E6	联盟合作企业的能力在有些方面是互补的
	E7	我们公司从合作伙伴处获得互补的技术能力或市场能力
	E8	我们公司和联盟伙伴对合作项目有充分的前期准备工作
	E9	联盟对合作项目的相关人员进行了必要的培训

6.3.2　联盟心理破缺量表

联盟合作发展过程中心理破缺量表主要基于联盟合作过程中出现的感知问题,特别是感性信任、彼此依赖性的主观判断的基础上开发的相关测度项。考虑到联盟破缺的始发因素源于联盟内部成员彼此利益的冲突和心理契约价值参考点的变化,因此联盟心理破缺是涉及联盟破缺研究的关键。首先,联盟绩效被定义为联盟管理者对联盟目标达成的满意度,联盟绩效为联盟目标重要程度和达成满意度的结果,联盟合作过程成员对联盟目标的心理变化对战略联盟稳定性具有重要的影响,基于以往关于联盟合作满意度的研究,联盟合作过程的量表设计围绕联盟合作满意度,采取了 7 个题项来测度。

其次,信任的建立和发展与合作企业彼此在合作过程中表现的行为有关,合作伙伴过去所采取的或者目前正在进行的行为是它的信誉度的最好体现,联盟企业会根据合作伙伴的行为作出合理判断,联盟成员之间的信任若是被打破,联盟稳定势必会受到影响,联盟的心理破缺首当其冲体现为联盟成员之间的信任破坏;企业对合作伙伴的依赖性是由于合作伙伴提供的资源对其的重要程度,以及它通过联盟外部其他渠道获得这种资源的替代物的难易程度所决定的。合作伙伴提供的资源对该企业越重要,则它对合作伙伴的依赖性就越高;该企业其他可选择的提供这种资源的潜在对象越少,它对合作伙伴的依赖性也同样越高,企业对联盟合作伙伴依赖性越高,联盟企业在合作中的表现越容易引起对方的心理契约变化。因此,联盟心理破缺在信任和依赖性方面的量表主要在张延锋(2003),Adobor(2005),Judge 和 Dooley(2006)等关于组织间信任与公平的研究及其设计的指标基础上,采取了 11 个题项(见表 6.2)。

表 6.2　战略联盟合作心理破缺量表

变　量	编　号	题　　　项
满意度	F1	联盟合作的进展过程令人满意
	F2	联盟成员企业高层非常重视该联盟关系
	F3	联盟成员希望联盟关系继续维持下去
	F4	联盟成员有共同的目标和愿景

变 量	编 号	题 项
满意度	F5	我们公司想要在联盟中处于核心主导地位
	F6	我们公司和联盟伙伴不存在文化差异的问题
	F7	预期能从未来的合作中取得令双方满意的成绩
信任度	G1	联盟伙伴企业没有在合作中遵守约定和承诺
	G2	联盟伙伴企业未能完成合作协议中所承诺的任务
	G3	联盟伙伴企业没有顾及我们公司的利益
	G4	联盟伙伴企业没有公平公正地对待我们企业
	G5	联盟伙伴企业只对其自己的利益感兴趣
	G6	联盟伙伴企业不够正直、诚实
	G7	我们公司并不是一味地赞同伙伴企业的决策
	G8	市场上能够提供合作伙伴类似资源或能力的其他企业不多
	G9	我们公司很依赖于联盟伙伴企业
	G10	我们公司很难找到其他类似的合作伙伴
	G11	失去这个联盟伙伴企业我们将损失惨重

6.3.3 联盟行为破缺量表

联盟演化的过程在受到成员企业决策者心理属性,如信任感、依赖性、情绪和认知能力的影响外,在联盟合作发展过程中,还会遇到诸如机会主义行为、利益冲突、文化兼容等一系列影响战略联盟稳定性的问题,而导致联盟合作中的行为破缺,因此,联盟行为破缺量表主要基于以往学者关于联盟机会主义行为(高嵩,2009)、联盟成员企业利益冲突(周永红、王宏峥、梁新华,2011)、联盟文化兼容(Pothukuchi et al.,2002)等现实问题的研究,采取 10 个题项来测度联盟行为破缺变量(见表 6.3)。

表 6.3   战略联盟合作行为破缺量表

变 量	编 号	题 项
机会主义行为	H1	联盟伙伴企业的业务往来没有受到严密监督
	H2	联盟伙伴隐瞒了对我们不利的信息
	H3	联盟伙伴利用了我们未注意或不了解的地方
	H4	联盟伙伴在未经我们允许的情况下利用我们企业的信息
	H5	我们公司无法通过合同有力约束合作方的行为

变　　量	编　号	题　　项
	I1	联盟合作关系不融洽,员工合作不成功
	I2	联盟合作过程中我们与伙伴之间经常发生冲突
冲突行为	I3	联盟合作中我们与伙伴之间的冲突没有得到有效解决
	I4	联盟合作过程中我们与伙伴之间发生冲突的持续时间很长
	I5	联盟合作过程中我们与伙伴之间发生冲突的损失很大

6.3.4　联盟收益破缺量表

　　预期对于联盟参与者来说是非常重要的,因为企业任何战略的作出都是为了获取竞争优势,以求得经济租金。从根本上说,任何企业参与任何联盟都带有各种获益的目的,因此从联盟中能够获得什么利益也影响着企业作出怎样的战略选择。而这个主要可以考虑两个因素:一是从联盟获得的实际收益与预期收益相差有多大;二是预期的未来收益对于联盟参与者来说相对重要性如何。如果实际利益与想要获得的利益相近,企业就会作出继续留在联盟中与伙伴合作的决定。企业从联盟中获得共有利益越大,就会越偏向于合作的战略定位;反之则偏向于竞争的战略定位,即战略联盟的收益破缺。根据Kale、Dyer 和 Singh(2002)的研究,联盟绩效被定义为联盟管理者对联盟目标达成的满意度,联盟绩效为联盟目标重要程度和达成满意度的结果。联盟目标专注于六个方向(Harrigan, 1986; Kale et al., 2002):扩大市场占有率、提高利润/减少成本、提高销售额、获取关键技术或资源、提高对市场反应的速度和提高消费者满意度(Mowery, et. al., 1996; Baum et al., 2000; Baum and Oliver, 1991),而企业绩效用管理人员报告的主观绩效来测量,主观绩效被证明与客观绩效有很高的相关性(Dess and Robinson, 1984; Venkatraman and Ramanujam, 1986),在客观绩效不易获得的情况下,测量主观绩效的做法是很常见的(Sabherwal and Chan, 2001; Atuahene-Gima, 2005; Auh and Menguc, 2005; Choi et al., 2008; Menguc and Auh, 2008;蒋春燕,赵曙明,2006;王辉等,2006);在此基础上,本研究沿袭大多数学者的做法,主要使用主观标准,采用联盟双方对于联盟持续程度、目标实现程度和联盟溢出效应等来评价联盟绩效,目标实现程度通过要求受测者评价联盟双方初始战略目标的实现程度来衡量;联盟溢出效应通过要求受测者评价联盟企业各自单独的目标实现程度来衡量。本研究为联盟合作绩效量表设计了 7 个题项来测度。基于相关学者对战略联盟收益分配机制的研究(李彤和张强,2010),本研究拟采取 7 个题项测度联盟的收益破缺量表(见表 6.4)。

表 6.4　战略联盟合作收益破缺量表

变　量	编号	题　　　项
合作绩效	J1	总体而言我们公司对联盟合作并不满意
	J2	联盟合作没有实现最初设定的总体目标
	J3	联盟合作没有提高我们公司的盈利能力
	J4	联盟合作没有扩大我们公司的市场份额
	J5	我们公司没有获得所需的技能和专长
	J6	我们通过联盟合作没有取得超过竞争者的能力和竞争优势
	J7	我们与联盟企业之间没有建立起平等互利的长久关系
收益分配	K1	我们公司对联盟的整体收益很不满意
	K2	我们公司未能获得比未进行合作时更高的利益
	K3	联盟内没有建立公平有效的收益分配机制
	K4	实际收益分配与我们预期的收益分配之间存在很大差距
	K5	我们企业承担的风险和获得的收益不成正比
	K6	我们公司在联盟中实际承担的风险比预期要大
	K7	对可能影响彼此利益的决策,双方没有相互协调解决

6.3.5　联盟演化量表

战略变化测量主要有三大角度:一是战略变化发生的可能性(如 Hannan et al., 1984);二是战略变化测度的过程特征,包括战略变化持续的时间(如 Ginsberg, 1990)、战略改变力度的变化(如 Boeker, 1989)、战略变化速度(如 Baum et al., 2003)、战略变化幅度(如弋亚群等,2007)等方面内容;三是战略变化内容上的变化,包括战略定位的变化测量(如 Feitler et al., 1997)、资源配置的变化测量(如 Zhang，2006)、不同层次战略的变化测量(如 Barker et al.，1997)、战略类型的变化测量(如 Trinh et al.，2002)、多业务的战略变化测量(如 Hoffman，2006)、战略集团的变化测量(如 Vicente-Lorente et al.，2006)等方面内容。战略联盟演变研究的核心问题，包括同方向、可能性、时间特征(速度)构成了战略变化研究的主体内容(Edward，2000)，本研究聚焦于自发性对称破缺视角下的联盟演变，从战略联盟演变的实际情况出发，将战略联盟演变分为速度、幅度、进程方向三个方面的过程特征。由于战略联盟研究的内容涉及甚广，战略联盟的演变也会反映在多方面，因此考虑战略变化的速度、幅度和进程演变的问题，必须结合战略联盟的具体内容进行，战略联盟的演变可表现为内外部环境是否一致。

联盟演变速度指联盟战略变化方案实施所需时间的长短和频率高低，包括战略制定的速度和变革的速度，测量的内容包括：生产经营采用技术的变化更新，联盟成员高管团队的变动，市场业务份额的变化，联盟发展战略目标决策，联盟合作的支持政策变动，新旧企业的不断进入和退出，以及联盟结构的变化频率。

联盟演变的幅度指联盟战略内容在纵向和横向上的变化深度和广度，包括联盟演变过程中技术、战略和联盟结构变化的程度，测量的内容包括：技术变化程度，联盟成员企业高管团队变动规模，参与联盟合作的员工规模，联盟合作业务所需资源投入的变化、联盟合作目标的变动，联盟成员企业纵向或横向延伸，参与或退出联盟的企业数量等。

联盟演变的进程方向指联盟成员决定继续保持长期合作或是终止合作关系，即联盟解体。测量的内容包括：维持联盟合作关系的意愿，联盟合作伙伴的重要地位，联盟成员之间的关系，联盟是否注重长期收益，联盟合作的愿景。

本研究主要根据联盟内部组织结构、联盟管理团队，以及外部资源和技术创新对联盟演变的影响，分别采取 7 个和 9 个题项设计联盟演变速度和幅度的测度量表,根据联盟是否长期持续合作或是解体,采取 7 个题项设计联盟演变进程方向的量表(见表 6.5)。

表 6.5　战略联盟演化量表

变　量	编　号	题　　项
演化速度	L1	合作过程中,生产与经营所采用技术的变化更新很快
	L2	合作过程中,企业高管团队的变动频繁
	L3	合作过程中,业务的营业额或市场份额变动很不稳定
	L4	合作过程中,联盟经常修订战略决策
	L5	合作过程中,企业涉及合作业务的支持政策变动频繁
	L6	合作过程中,经常有新的企业加入或合作企业退出的情况
	L7	合作过程中,联盟结构经常发生变化
演化幅度	M1	合作过程中,涉及业务所采用技术的变化更新非常大
	M2	合作过程中,出现高管团队领导班子大面积调动
	M3	合作过程中,参与联盟合作的员工规模变化很大
	M4	合作过程中,联盟合作业务需要追加资源投入
	M5	合作过程中,企业对涉及合作业务的支持政策变动较大
	M6	合作过程中,出现企业发展方向和目标的转移
	M7	合作过程中,联盟企业深入地参与了供应链上下游的运营
	M8	合作过程中,新加入和退出联盟的企业数目很大
	M9	合作过程中,联盟结构发生了很大的变化
收益分配	N1	我们都希望维持这种联盟合作关系
	N2	我们认为合作伙伴是一个重要的商业伙伴
	N3	企业高管与合作企业的高管之间建立了个人友谊
	N4	我们很愿意与联盟伙伴企业结成长期合作伙伴关系
	N5	联盟企业愿意着眼于长期利益,而不计较短期得失
	N6	联盟企业都愿意投入更多的资源,建立更好的合作关系
	N7	联盟伙伴企业之间的合作越来越有成效

6.3.6　控制变量

在正式问卷中,我们还设置了若干控制变量,包括联盟企业规模(员工数)、经营年限、联盟企业所有权性质、联盟企业所属行业和联盟合作形式等。在问卷发放与回收的过程中,我们也记录了被调查企业所在地区。我们还设置了关于被调查者个人信息的题项,包括职务级别、工作年限和工作部门等。

6.4 抽样

由于本研究调查的数据主要涉及企业与其联盟伙伴的合作信息,并且大部分关键数据如联盟之间的依赖性、信任、合作绩效、收益分配等并不是可以通过外部渠道获得的客观数据,因此,选择了解企业内部战略联盟运营情况及企业战略的管理人员作为调查对象收集所需数据。

理想的抽样方法应该按照随机抽样或者分层抽样选择被调查企业。但是在课题所面临的现实情况下,这种抽样方法很难实现。课题组曾尝试向不同地区、不同企业的相关部门邮寄或 E-mail 调查问卷进行随机抽样调查,但是未能得到任何回复,通过电话联络之后也得不到任何回复或被委婉谢绝。因此,一方面,很难与各个不同地区的企业管理人员取得有效联系;另一方面,我国企业界还未形成配合学术研究的习惯,对于学术调查基本持不配合甚至是排斥的态度,特别是涉及企业具体的内部信息,企业会敏感地以商业机密为由拒绝调查。

因此,本项目采取当前企业管理实证研究中普遍的抽样方法,选择便利抽样的方式进行数据收集,即通过向某地区商学院的 EMBA 或 MBA 学员,以及利用人际关系网络联系到的企业高层管理人员进行问卷调查,这种便利抽样的有效问卷回收比例相对较高,虽然不是严格的随机抽样,对于项目研究结论也会产生一定影响,但是被调查者无论从主观意愿还是客观的课堂填写环境都可以保证问卷信息的质量与效度,因此便利抽样方法是可行的(巫景飞,2005)。

鉴于企业界的现实情况,本项目最终采取了便利抽样的方式进行数据收集。结合自身所掌握的获取数据的渠道,正式研究的抽样仍然主要集中于上海及长三角地区的企业抽样,通过两种方式进行。其一,选择向在上海交通大学在职攻读的 EMBA、MBA 学员以及企业管理人员培训班学员发放问卷。我们避开了预测试和小样本测试阶段已经调查过的那些班级。调查均在教学课堂上进行,由任课教师简介调查目的,请符合条件的学员填写问卷并当场回收。对于来自同一企业的学员,只请其中一人填写问卷。我们将大型企业下属的独立经营单位(如分公司、事业部等)视为一个独立企业。其二,我们向与课题组有协作关系的企业,以邮寄或 E-mail 的方式发放问卷。两种调查方式共发放 793 份问卷,回收 445 份,回收率为 56.1%。问卷的回收率较高,且样本数量达到了进行实证研究的要求。

我们从企业属性、填答人身份和填答质量三个方面对问卷进行初步筛选,以剔除无效问卷。

(1) 企业属性。

首先,我们根据被调查企业的属性,剔除无关单位组织:①根据问卷中填写的组织单位名称,对来自同一组织单位的多份问卷进行清理,每个组织单位只保留一份问卷(保留填写人身份最适合的一份)。我们在调查过程中已针对此问题实施了控制,要求主持调查的任课教师专门询问班级中是否有来自同一组织单位的多名学员,如有,则只向最了解调查内容的一人发放问卷。但是,在不同班级中仍可能有来自同一组织单位的多名学员,再次进行清理可以确保不对同一组织单位进行重复统计。②根据问卷中填写的企业名称和主营业务两项内容,剔除非企业单位的问卷,如学校、医院。③根据问卷中填写的企业名称和主营业务两项内容,剔除来自非竞争行业的问卷,如供水、供电、供气、邮政、烟草及盐业专卖等,因为我们采用与主要竞争对手相比较的方式测量企业绩效,所以不适用于这类行业。④剔除经营年限不足 2 年的企业。经营时间过短的企业尚不稳定,可能未形成明确的业务战略,不适合作为研究对象。

(2) 填答人身份。

根据填答问卷人员的身份,我们按如下标准进行剔除:①只保留来自企业高层、中层和基层管理者的问卷,剔除一般员工的问卷。高层管理者总揽全局,对企业情况较为了解,因此是适合的调查对象。中层管理者和基层管理者在知识管理和创新方面具有重要的作用。Nonaka 和 Takeuchi(1995)经典著作中强调:作为团队和任务小组的领导,企业中间层级的管理人员(包括通常所称的中层管理者和基层管理者)是联系高层领导和一线员工的桥梁,他们位于企业管理的中央,是企业内部纵向和横向信息流的交汇点,在企业管理中发挥重要作用,也是企业进行持续创新的关键。因此,很多关于企业战略的实证研究将中间层级的管理人员作为调查对象(如 Choi and Lee, 2002; Choi and Lee, 2003; Keskin, 2005; Choi et al., 2008)。因此,本研究也将中层管理者和基层管理者作为主要的调查对象。②只保留来自战略规划、行政/人事、财务、生产/服务运营、营销和研发部门管理人员的问卷,剔除其他部门的问卷。战略规划、行政/人事和财务部门属于总揽全局和调配资源的部门,这些部门的管理人员对企业情况有比较全面的了解;生产/服务运营、营销和研发部门是与知识管理和创新有直接关系的职能部门,这些部门的管理人员比较熟悉知识管理和创新的相关情况。Nonaka 和 Takeuchi(1995)在其著作中提到:企业的创新活动经常通过跨职能部门的多元项目团队来完成,项目小组成员来自研发、规划、制造、质量控制、销售、营销及顾客服务等多个职能部门。我们在走访企业的过程中也发现,创新活动的确涉及多个部门,相关部门的管理者对创新活动都比较了解。在同类实证研究(Choi and Lee, 2002; Choi and Lee, 2003)中,多个主要职能部门的管理人员都被作为调查对象。因此,本研究将前述六个主要职能部门的管理者作为调查对象。③剔除在该企业服务年限不足 2 年的管理人员的问卷。服务年限过短的管理人员可能对企业的情况不够了解,不适合作为调查对象。

(3) 填答质量。

最后,我们针对回收问卷回答题项的质量,按如下标准剔除无效问卷:①剔除填答严重缺漏的问卷;②剔除答案呈现明显规律性的问卷。

最终,我们得到有效问卷 270 份,有效率为 60.8%,根据 Comrey 和 Lee (1992)的论点:样本数在 200 附近是普通的(fair)、样本数在 300 附近是好的(good),因此,最终有效问卷 270 份完全满足本项研究进行实证分析的要求。

6.5　研究方法

选择合适的数据分析方法是科学研究的一个重要环节,它关系到实证研究的科学性。SPSS(Statistics Package for Social Science)是当前应用最普遍的统计分析软件,适用于包括自然科学、社会科学等多领域的统计分析研究。本文研究采用 SPSS 对数据进行分析,主要包括描述性统计、数据质量分析、信度分析、因子分析、相关分析、结构方程模型分析等数据分析方法。

6.5.1　描述性统计分析

描述性统计分析主要用于对样本性质和研究变量的基本描述。样本的性质包括企业性质、规模、成立年限、所在行业和调查问卷填写人的情况。研究变量包括联盟合作状态、联盟心理破缺、联盟行为破缺、联盟收益破缺、联盟演变等。对样本性质的描述性统计有利于研究者对样本基本情况有所了解,判断样本抽样和数据采集是否合理,以及可能对联盟破缺和联盟演变关系的实证分析产生的影响。对研究变量的描述性统计分析有利于研究者了解研究变量的基本现状,而本研究采用 SPSS 进行描述性统计分析。

6.5.2　数据质量分析

首先,对调查问卷录入数据进行缺失值分析,使用 SPSS 软件中的 Missing Value Analysis 功能实现,用于处理样本中的缺失数据。其次,对数据进行正态分布检验,用 SPSS 软件中的 Descriptive 功能计算单变量偏度(Skewness)和峰度(Kurtosis),用 PRELIS 软件计算多变量峰度(Relative Multivariate Kurtosis),以进行判断。最后,由于通常结构方程模型分析对观测变量的分布和样本数量有一定的要求。观测变量的偏度绝对值应小于 3,若大于 3,则被看做极端偏态;峰度绝对值应小于 10,若大于 10,则被认为存在问题,大于 20,则被认为是极端峰度。观测变量的分布和样本数量会影响结构方程采取的估计方法，观测变量分布正常，样本数量合理，一般采取极大似然估计法；如果样本量足够大，在峰度值非常大时，采用加权最小二乘法估计可以改善参数估计的理论拟合度。

6.5.3　信度分析

信度分析主要用于研究量表的信度检验，需要信度检验的量表包括：联盟合作状态量表、联盟心理、行为、收益破缺量表和联盟演变量表。信度的检验一般采取 Cronbach's α 系数作为评判标准。在实际应用中，如果 Cronbach's α 超过 0.70，表明指标的一致性较好，信度较高，Cronbach's α 值在 0.5—0.7 之间，表明信度可以接受，而 Cronbach's α 值低于 0.35 则应予以放弃（李怀祖，2004）。另外，量表中的题项——总体的相关系数（Item-to-total correlation）值应该大于 0.35，用 SPSS 软件中的信度分析工具实现计算 Cronbach's 系数，获取量表的内部一致性信度。用 SPSS 软件中的信度分析工具实现计算 Cronbach's 系数，获取量表的内部一致性信度。

6.5.4　皮尔逊相关分析

皮尔逊（Pearson）相关分析主要用于确定联盟心理破缺、行为破缺、收益破缺、联盟演变等之间的相关关系，判断研究变量之间的基本关系。本研究采用 SPSS 进行皮尔逊相关分析。

6.5.5　探索性因子分析（EFA）

探索性因子分析主要用于研究量表的构念效度检验，探索性因子分析可以帮助我们判断单一变量的不同测度指标之间是否存在较强的相关性，可以简化数据的基本结构（刘军，2008）。对于本研究而言，主要通过探索性因子分析，判断联盟合作状态、联盟破缺和联盟演变的测度量表是否准确地反映了被测度变量的特性,以便能够获得单一的指标,在此基础上,利用变量的因子得分进行数据分析,检验研究假设是否成立。本研究使用 SPSS 软件中的因子分析功能,用于获取因子结构。探索性因子分析的前提是变量之间存在较高的相关性,因此在因子分析前需要进行 KMO 计算和 Bartlett 球体检验。通常,如果 KMO 值大于 0.9,表明非常适合做因子分析;KMO 值在 0.8—0.9 表明很适合;KMO 值在 0.7—0.8 表明适合(马庆国,2002)。Bartlett 球体检验主要是检验 P 值是否小于给定的显著水平。如果探索性因子分析获得的公共因子和理论预期基本一致,可以判断研究量表具有较好的构念效度。本研究采用 SPSS12.0 进行探索性因子分析。

6.5.6 验证性因子分析(CFA)

验证性因子分析是对社会调查数据进行的一种统计分析。它测试一个因子与相对应的测度项之间的关系是否符合研究者所设计的理论关系。验证性因子分析(confirmatory factor analysis)的强项正是在于它允许研究者明确描述一个理论模型中的细节。那么一个研究者想描述什么呢?因为测量误差的存在,研究者需要使用多个测度项。当使用多个测度项之后,我们就有测度项的"质量"问题,即效度检验。而效度检验就是要看一个测度项是否与其所设计的因子有显著的载荷,并与其不相干的因子没有显著的载荷。验证性因子分析往往通过结构方程建模来测试。在实际科研中,验证性因子分析的过程也就是测度模型的检验过程。本研究采用 Anderson 和 Gerbing(1988)勾勒的两阶段方法进行结构方程模型分析。第一阶段先执行验证性因子分析(confirmatory factor analysis, CFA)来了解测量模型(measurement model)与观察资料的拟合优度。验证性因子分析可以评估整体测量模型的配适度,并且检视各个潜在变量的心理计量特质。第二阶段使用 LISREL 软件执行结构方程式(structural equation modeling, SEM),从而确定各变量之间的关系。本研究使用 LISREL 软件进行基于结构方程模型的验证性因子分析,用来检验量表的收敛效度和区分效度。

6.5.7　结构方程模型(SEM)

结构方程模型(structral equation model，SEM)，是基于变量的协方差矩阵来分析变量之间关系的一种统计方法，主要包括测量方程(measurement equa-tion)与结构方程(structual equation)两部分。SEM 可以严谨地检定观察指标(observed indicators)与潜在变量(latent variables)之间的假定关系，也可以检定中介程序，验证理论指定的中介路径，以及指定为零的路径。同时，SEM 也可以控制测量误差，降低参数估计值发生偏误的几率，产生比较有效的估计值，并且避免因果关系中的参数值扭曲中介检定。鉴于结构方程模型分析方法拥有可以进行潜变量的测度，可以同时验证多组变量之间的关系，允许自变量之间存在相互关系，允许研究变量存在测量误差等诸多优点；故本研究采用结构方程模型的分析方法对联盟心理破缺、行为破缺、收益破缺，联盟演变概念模型中较为复杂的理论模型进行实证分析。

当前，结构方程模型分析的软件主要有 LISREL、AMOS、EQS 和 Mplus等。本研究使用 LISREL 软件进行结构方程模型的全模型分析，用于检验关于直接作用的假设，为分析的结果提供辅助证据。在运用结构方程模型分析时需要对运行结果进行评价，判断模型的拟合优度，从而判断模型的合理性。如果模型对样本数据拟合良好，模型的有效性得到验证，表明研究者的理论分析和实际情况基本相符；如果模型对样本数据拟合效果不好，模型的有效性得不到验证，则表明研究者的流量分析与实际情况有一定差距，需要对原有模型进行调整与修正。

根据结构方程的建模理论，模型的构思或者模型的维度构思是否得到观测数据的支持主要通过综合考察其拟合度来判断，结构方程模型评价的核心是模型的拟合性，即研究者所提出的变量之间的关联模式与数据拟合程度如何。为验证模型的合理性与有效性，相关文献中提出了多种拟合指数可供评价与选择模型。模型拟合度指标可以分为绝对指标、相对指标和调整指标。绝对指标主要评价在模型拟合后留下的参差或未解释的变异量是否显著。相对指标主要评价特定模型与其他可能模型之间相比较的表现。调整指标主要评价模型拟合性和简效性的结合。绝对指标、相对指标和调整指标包含的具体内容如表 6.6 所示。由于评价模型拟合度的指标很多，而且指标之间的评价内容具有重复性，因此本研究将参考 χ^2/df（chi-square/df ratio，卡方与自由度的比值）、RMSEA（Root Mean Square Error of Appromiation，近似误差均方根）、CFI（Comjparative Fit Index，比较拟合指数）、GFI（拟合优度指数）、NNFI（不规范拟合指数）和 TLI（Tucker-Lewis 指数）等指数作为评价模型的拟合指数。一般认为，基于拟合效果良好的模型来对理论假设进行验证，必须有至少一个以上的指标符合要求（Breckler，1990）。

表 6.6　结构方程模型的拟合度指标

统计检验量	拟合的标准或临界值
χ^2 值	显著性概率值 p 大于 0.05，表明 χ^2 不显著，说明模型整体拟合度较好
χ^2 值/df	介于 1—3，并且远远小于 3，说明模型整体拟合度较好
GFI	大于 0.90 以上，说明模型拟合得较好
AGFI	大于 0.90 以上，说明模型拟合得较好
RMR	小于 0.05，说明模型拟合得较好
RMSEA	小于 0.05，说明模型拟合得较好
NCP	越小越好，90% 的置信区间包含 0
ECVI	理论模型的 ECVI 小于独立模型的 ECVI，且小于饱和模型的 ECVI
NFI	大于 0.90，并且接近 1，表明模型拟合度较好
RFI	大于 0.90，并且接近 1，表明模型拟合度较好
IFI	大于 0.90，并且接近 1，表明模型拟合度较好
TLI	大于 0.90，并且接近 1，表明模型拟合度较好
CFI	大于 0.90，并且接近 1，表明模型拟合度较好
PGFI	大于 0.50 以上，说明模型拟合得较好
PNFI	大于 0.50 以上，说明模型拟合得较好
CN 值	大于 0.20 以上，说明模型拟合得较好
NC 值	$1 < NC < 3$

左侧分组：绝对拟合度指标（χ^2 值至 ECVI）；相对拟合度指标（NFI 至 CFI）；调整适度指标（PGFI 至 NC 值）。

6.6　本章小结

本章主要介绍了实证研究部分的具体思路安排和过程，包括实证调查问卷的设计过程、量表的设计及组成部分，包括联盟合作状态量表、联盟心理破缺量表、联盟行为破缺量表、联盟收益破缺量表和联盟演化量表，以及实证研究中将采用的各种研究方法，以期整个实证研究部分的开展做到严谨、科学、合理。

第7章 数据分析

本章主要根据研究目的、架构和研究假设,运用适当的数据分析方法对本研究取得的有效样本进行分析,以验证各研究假设是否成立,并在此基础上对统计分析的结果加以解释和讨论。

7.1 数据质量检验

7.1.1 缺失值处理

在筛选有效问卷的过程中,我们已经将数据严重缺失的问卷剔除,保留下来的问卷只有零星的数据缺失。在全部有效问卷中,关于答卷人和企业基本资料的题项均有比较完整的数据,或许是这部分问题位于问卷开头,且比较简单,所以回答情况较好,个别缺失的控制变量不影响问卷的整体数据处理效果。而在描述企业战略联盟合作运营具体情况的 95 个题项(均以 Likert 5 级量表测量)中,有少量数据缺失,研究首先针对这部分题项的回答进行缺失值的统计和处理。

在 270 份有效问卷中,有 25 份问卷有不同程度的数据缺失,有数据缺失的问卷比例为 9.3%;在 95 个题项中,单个题项最多缺失 3 个数据点(完整的应有 270 个数据点),单个题项缺失数据点的比例最高为 1.1%;在全部 25 650 个数据点中,缺失了 70 个,缺失比例为 0.3%。

　　课题组对问卷数据缺失的具体情况和分布进行检查,并没有发现明显的规律性,所以可认为这些数据是随机缺失的。Cohen 和 Cohen(1983)认为,对于数据随机缺失的情况,5% 甚至 10% 的缺失比例是可以接受的。我们的数据缺失远低于这个水平,因此认为缺失值不会造成太大的问题。由于结构方程模型要求样本必须有完整的数据,因此我们用 EM 算法对缺失值进行填充(通过 SPSS 软件实现)。在缺失率较低且是随机缺失时,各种缺失值处理方法的效果是很接近的,并不会对分析结果造成很大的影响(侯杰泰等,2004)。

7.1.2　数据正态分布检验

　　结构方程模型的极大似然估计(ML)在理论上要求样本数据满足多元正态分布。不过,多元正态分布是一个过于严格的条件,在实际研究中大部分数据资料都不满足该条件(侯杰泰等,2004)。基于以往学者的实证研究,极大似然估计是相对满足稳健(robust)要求的,即使问卷的数据不满足严格多元正态分布,极大似然估计仍然适用(侯杰泰等,2004;黄芳铭,2005)。通常只要实证数据单变量的非正态分布现象较不严重时,即可采用极大似然估计(Kline,1998)。此外,很多学者认为,峰度偏差比偏度偏差更影响估计结果(黄芳铭,2005),因此在多元正态分布的检验方面,多变量峰度(Relative Multivariate Kurtosis)(Mardia and Foster,1983)是更为重要的判断指标,该指标的绝对值超过 25 会对极大似然估计造成影响(黄芳铭,2005)。

　　此处,课题组对单变量的正态分布情况进行检验,主要考察单变量的偏度和峰度,并且通过计算问卷中 95 个题项的多变量峰度以作为参考。如表 7.1 所示,所有单变量偏度的绝对值远小于 3,单变量峰度的绝对值远小于 10,由此可认为数据在单变量层面上并未严重地偏离正态分布。

表 7.1　样本描述性统计

题　项	最小值	最大值	均　值	标准差	偏　度	峰　度
A1	1	5	4.204	0.932	−1.276	1.391
A2	1	5	3.967	0.965	−0.932	0.658
A3	1	5	3.878	1.011	−1.014	0.887
A4	1	5	4.085	0.894	−1.206	1.880
A5	1	5	3.996	0.981	−0.920	0.524
B1	1	5	2.978	1.124	0.139	−0.615
B2	1	5	2.944	1.214	0.045	−0.891
B3	1	5	3.464	1.142	−0.319	−0.545
C1	1	5	3.409	1.068	−0.305	−0.599
C2	1	5	3.342	1.043	−0.188	−0.832
C3	1	5	3.472	0.995	−0.355	−0.429
C4	1	5	3.799	0.839	−0.673	0.447
C5	1	5	3.695	0.847	−0.480	−0.101
C6	1	5	3.543	0.860	−0.381	−0.223
D1	1	5	4.211	0.834	−1.344	2.538
D2	1	5	3.678	1.007	−0.682	0.097
D3	1	5	3.761	0.897	−0.439	−0.060
D4	1	5	3.636	0.901	−0.382	−0.453
D5	1	5	3.667	0.891	−0.466	0.112
D6	1	5	3.736	0.832	−0.562	0.475
D7	1	5	3.381	1.000	−0.196	−0.377
E1	1	5	3.659	1.054	−0.646	−0.224
E2	1	5	4.122	0.793	−0.989	1.302
E3	1	5	3.696	1.096	−0.433	−0.804
E4	1	5	3.926	0.961	−0.812	0.247
E5	1	5	3.698	0.984	−0.728	0.127
E6	1	5	4.175	0.801	−0.982	1.310
E7	1	5	3.885	0.951	−0.786	0.256
E8	1	5	3.878	0.788	−0.515	0.312
E9	1	5	3.736	0.976	−0.633	0.036
F1	1	5	3.756	0.840	−0.801	0.911
F2	1	5	4.144	0.793	−1.164	2.292
F3	1	5	4.081	0.781	−0.850	1.279
F4	1	5	3.822	0.878	−0.740	0.629
F5	1	5	3.948	0.927	−0.545	−0.317
F6	1	5	2.933	1.158	0.001	−0.793
F7	1	5	3.844	0.812	−0.672	0.864
G1	1	5	2.519	1.096	0.532	−0.524
G2	1	5	2.500	1.048	0.468	−0.505
G3	1	5	2.456	1.000	0.449	−0.342
G4	1	5	2.400	0.977	0.452	−0.237
G5	1	5	2.722	1.105	0.284	−0.681

续表

题 项	最小值	最大值	均 值	标准差	偏 度	峰 度
G6	1	5	2.370	1.068	0.563	−0.246
G7	1	5	3.463	1.058	−0.557	−0.275
G8	1	5	3.190	1.090	−0.175	−0.850
G9	1	5	2.833	1.055	−0.024	−0.827
G10	1	5	2.587	1.093	0.343	−0.665
G11	1	5	2.892	1.101	0.131	−0.727
H1	1	5	2.683	1.024	0.105	−0.731
H2	1	5	2.678	0.906	0.109	−0.170
H3	1	5	2.692	0.911	0.058	−0.447
H4	1	5	2.521	0.915	0.159	−0.556
H5	1	5	2.487	1.086	0.446	−0.668
I1	1	5	2.296	0.933	0.648	0.162
I2	1	5	2.319	0.938	0.605	−0.049
I3	1	5	2.319	0.889	0.576	−0.076
I4	1	5	2.182	0.983	0.808	0.363
I5	1	5	2.159	0.976	0.788	0.300
J1	1	5	2.301	0.906	0.819	0.624
J2	1	5	2.429	1.034	0.648	−0.184
J3	1	5	2.261	1.001	0.909	0.526
J4	1	5	2.206	1.001	0.784	0.200
J5	1	5	2.455	1.046	0.571	−0.323
J6	1	5	2.352	0.992	0.806	0.228
J7	1	5	2.381	0.982	0.670	−0.031
K1	1	5	2.280	0.962	0.525	−0.320
K2	1	5	2.281	0.962	0.701	0.166
K3	1	5	2.433	0.991	0.614	−0.029
K4	1	5	2.459	0.966	0.415	−0.369
K5	1	5	2.385	0.913	0.552	−0.169
K6	1	5	2.543	1.003	0.572	−0.175
K7	1	5	2.422	0.979	0.532	−0.252
L1	1	5	3.096	1.083	−0.122	−1.032
L2	1	5	2.681	1.007	0.320	−0.626
L3	1	5	2.479	0.898	0.542	−0.141
L4	1	5	2.459	0.943	0.521	−0.110
L5	1	5	2.580	0.994	0.625	−0.231
L6	1	5	2.396	1.007	0.573	−0.250
L7	1	5	2.307	0.993	0.704	0.039
M1	1	5	2.737	1.091	0.417	−0.694
M2	1	5	2.456	1.033	0.487	−0.425
M3	1	5	2.472	1.037	0.670	−0.134

题　项	最小值	最大值	均　值	标准差	偏　度	峰　度
M4	1	5	3.107	1.031	−0.258	−0.807
M5	1	5	2.516	0.915	0.583	−0.063
M6	1	5	2.633	0.988	0.346	−0.701
M7	1	5	3.052	1.083	0.004	−0.979
M8	1	5	2.159	0.892	0.599	0.036
M9	1	5	2.226	0.899	0.592	−0.025
N1	1	5	3.870	0.819	−0.983	1.594
N2	1	5	3.978	0.780	−1.095	2.202
N3	1	5	3.719	0.855	−0.647	0.728
N4	1	5	3.922	0.826	−1.052	1.753
N5	1	5	3.693	0.940	−0.705	0.390
N6	1	5	3.670	0.908	−0.772	0.774
N7	1	5	3.733	0.833	−0.747	1.048

7.2　样本描述性统计分析

7.2.1　被调查者的描述性统计分析

通过问卷的发放、回收和筛选,本研究获得了有效问卷 270 份。下面对被调查者的就职时间、职位级别及工作内容的公布情况进行描述性统计分析。

1. 被调查者就职时间

在 270 份有效问卷样本中,工作年限在 5—10 年的被调查者有 120 位,占总样本的 44.4%,工作年限在 1—5 年的被调查者 109 位,占总样本数的40.4%;工作年限长达 10 年以上的被调查者的数量为 41 位,占总样本数的15.2%,具有一定的比例。具体如表 7.2 所示。

表 7.2　被调查者的就职时间分布

就职时间	样本数量	百分比	有效百分比	累积百分比
1~5 年	109	40.4	40.4	40.4
5~10 年	120	44.4	44.4	84.8
10 年以上	41	15.2	15.2	100.0

2. 被调查者职位级别

本研究的被调查者以企业中高层管理者及总裁为主,共有 187 位,占总样本数的 69.3%;另外,也适当选取了一定比例 30.7% 的基层管理者作为受访对象,以保证研究样本的普遍性和相关性。具体如表 7.3 所示。

表 7.3　被调查者的职位级别分布

职位级别	样本数量	百分比	有效百分比	累积百分比
CEO/总裁	15	5.6	5.6	5.6
高层管理者	42	15.6	15.6	21.1
中层管理者	130	48.1	48.1	69.3
基层管理者	83	30.7	30.7	100.0

3. 被调查者工作内容

在 270 份有效问卷中,专门从事生产/服务运营及营销工作的被调查者人数最多,占总样本数的比例分别为 28.1% 和 27.0%;专门从事财务和战略规划工作的被调查者人数最少,占总样本数的比例分别为 6.9% 和 5.9%;专门从事行政/人事和研发工作的被调查者人数居中,占总样本数的比例分别为 8.9% 和 11.9%;另外,还有比例为 11.5% 的被调查者从事以上至少两项工作(一般包括战略规划)。具体如表 7.4 所示。

表 7.4　被调查者的工作内容分布

工作内容	样本数量	百分比	有效百分比	累积百分比
战略规划	16	5.9	5.9	5.9
行政/人事	24	8.9	8.9	14.8
财　务	18	6.7	6.7	21.5
生产/服务运营	76	28.1	28.1	49.6
营　销	73	27.0	27.0	76.7
研　发	32	11.9	11.9	88.5
两项及以上	31	11.5	11.5	100.0

7.2.2　样本企业的描述性统计分析

本节描述性统计分析主要考察了样本企业的相关分布信息。通过问卷的发放、回收和筛选,本研究获得了有效问卷270份,为了从整体上了解有效样本的基本特征和研究变量的基本情况,本节对样本企业的所在区域、所有制性质、成立年限、企业规模、业务范围、所属行业等分布情况进行描述性统计。

1. 企业所在区域

在270份有效问卷样本中,来自长三角地区的样本企业数量有245家,占总样本的有效百分比为90.7%,远高于来自其他地区(包括珠三角地区、环渤海经济区、中西部地区、东北地区等)总计占比9.3%的样本企业。样本中来自长三角地区的企业数量占绝对优势,主要是缘于笔者的学习工作地点在长三角地区,且项目调研区域主要集中在长三角地区,具体如表7.5所示。

表7.5 样本企业的区域分布

地　　区	样本数量	百分比	有效百分比	累积百分比
长三角地区	245	90.7	90.7	90.7
其他地区	25	9.3	9.3	100

2. 企业所有制性质

在270份有效问卷样本中,外商独资企业的数量最多,有134家,占总样本的有效百分比为49.6%;国有(或国有控股)、民营及中外合资企业的数量其次,有50家、58家和25家,占总样本的有效百分比分别为18.5%、21.5%和9.3%;其他所有制性质的企业仅有3家,占总样本的有效百分比为1.1%。具体如表7.6所示。

表7.6 样本企业的所有制性质分布

所有制性质	样本数量	百分比	有效百分比	累积百分比
国有/国有控股	50	18.5	18.5	18.5
民　　营	58	21.5	21.5	40.0
外商独资	134	49.6	49.6	89.6
中外合资	25	9.3	9.3	98.9
其　　他	3	1.1	1.1	100.0

3. 企业经营年限

在270份有效问卷样本中,有127家企业的成立年限超过15年,占总样本

的有效百分比为 47.0％；成立年限在 1—5 年、5—10 年、10—15 年的企业数量
依次递增，占总样本的有效百分比为 12.6％、18.1％和 22.2％。样本企业的成
立年限分布情况基本满足属性多样性的样本选择原则，具体如表 7.7 所示。

表 7.7　样本企业的成立年限分布

成立年限	样本数量	百分比	有效百分比	累积百分比
1—5 年	34	12.6	12.6	12.6
5—10 年	49	18.1	18.1	30.7
10—15 年	60	22.2	22.2	53.0
15 年以上	127	47.0	47.0	100.0

4. 企业员工人数

本研究主要从样本企业的员工人数方面对企业规模进行界定。在 270 份
有效问卷中，员工人数在 100 人以下（包括 100 人）的样本企业有 36 家，占总样
本数的有效百分比为 13.3％；员工人数在 101—500 人之间的样本企业有 70
家，占总样本数的 25.9％；员工人数在 501—1 000 人之间的样本企业有 34 家，
占总样本数的 12.6％；员工人数在 1 001—5 000 人之间的样本企业有 59 家，占
总样本数的 21.9％；员工人数大于 5 000 人的样本企业有 71 家，占总样本数的
26.3％。具体如表 7.8 所示。

表 7.8　样本企业的员工人数分布

员工人数	样本数量	百分比	有效百分比	累积百分比
100 人及以下	36	13.3	13.3	13.3
101—500 人	70	25.9	25.9	39.3
501—1 000 人	34	12.6	12.6	51.9
1 001—5 000 人	59	21.9	21.9	73.7
5 000 人以上	71	26.3	26.3	100.0

5. 企业业务范围

在 270 份有效问卷样本中，有 134 家企业的核心业务范围是全球经营，占
总样本的比例为 49.6％；有 103 家企业的核心业务范围是全国经营，占总样本
的比例为 38.1％；有 18 家企业的核心业务范围局限在本省及周边地区经营，占

总样本的比例为 6.7%；而在本省市经营业务的样本企业只有 15 家，占总样本的比例为 5.6%。具体如表 7.9 所示。

表 7.9　样本企业的业务范围分布

业务范围	样本数量	百分比	有效百分比	累积百分比
本省市	15	5.6	5.6	5.6
本省及周边地区	18	6.7	6.7	12.2
全　国	103	38.1	38.1	50.4
全　球	134	49.6	49.6	100.0

6. 企业所属行业

样本企业分散于多种行业，其中制造业大类包括汽车及其零部件、机械设备、金属材料、新材料与特殊材料、生物制药、食品饮料、石油化工、日用化工、塑料塑胶、仪表、信息技术与电子、家用电器、服装与纺织等；服务业大类包括金融服务、电信服务、商贸、专业事务所/咨询公司、房地产开发、交通/运输/物流、传媒/出版/广告、计算机软件与网络服务等。此外，样本中包括建筑业企业和采矿业企业。根据 2003 年国家统计局《三次产业划分规定》，建筑业和采掘业与制造业同属第二产业，因此我们将这几类企业计入制造业大类。本研究调研的样本企业的所属行业以制造业居多，共有 139 家，占总样本的 51.5%；其次，服务业是 108 家，占总样本的比例为 40.0%，其他诸如跨行业或答题者不认为其属于这两类的企业共计 23 家，占总样本数的 8.5%；具体如表 7.10 所示。

表 7.10　样本企业的所属行业分布

业务范围	样本数量	百分比	有效百分比	累积百分比
制造业	139	51.5	51.5	51.5
服务业	108	40.0	40.0	91.5
其　他	23	8.5	8.5	100.0

7.2.3　联盟伙伴的描述性统计分析

本节描述性统计分析主要考察了联盟伙伴企业的相关分布信息。通过问卷的发放、回收和筛选,本研究获得了有效问卷 270 份,为了从整体上了解有效样本的基本特征和研究变量的基本情况,本节对联盟伙伴企业的所在区域、员工人数、联盟形式、所有制性质、所属行业等分布情况进行描述性统计分析。

1. 伙伴企业所在区域

在 270 份有效问卷样本中,由于受访企业大多集中于长三角地区,因此导致来自长三角地区的联盟伙伴企业数量有 174 家,占总样本的有效百分比为 64.4%,远高于来自其他地区的联盟伙伴企业。来自东北地区和国外的联盟伙伴企业数量均仅有 7 家,各占总样本的有效百分比为 2.6%;另外,有 26 家联盟伙伴企业跨地区经营,占总样本数的有效百分比为 7.2%。具体如表 7.11 所示。

表 7.11　联盟企业的区域分布

地　　区	样本数量	百分比	有效百分比	累积百分比
长三角地区	174	64.4	64.4	64.4
珠三角地区	25	9.3	9.3	73.7
环渤海经济区	17	6.3	6.3	80.0
中西部地区	14	5.2	5.2	85.2
东北地区	7	2.6	2.6	87.8
以上至少两地	26	9.6	9.6	97.4
国　　外	7	2.6	2.6	100.0

2. 伙伴企业员工人数

在 270 份有效问卷中,员工人数在 100 人以下(包括 100 人)的联盟企业有 38 家,占总样本数的有效百分比为 14.1%;员工人数在 101—500 人之间的联盟企业有 63 家,占总样本数的有效百分比为 23.3%;员工人数在 501—1 000 人之间的联盟企业有 45 家,占总样本数的有效百分比为 16.7%;员工人数在 1 001—5 000 人之间的样本企业有 54 家,占总样本数的有效百分比为 20.0%;员工人数大于 5 000 人的样本企业有 70 家,占总样本数的有效百分比为 25.9%。具体如表 7.12 所示。

表 7.12　联盟企业的员工人数分布

员工人数	样本数量	百分比	有效百分比	累积百分比
100 人及以下	38	14.1	14.1	14.1
101—500 人	63	23.3	23.3	37.4
501—1 000 人	45	16.7	16.7	54.1
1 001—5 000 人	54	20.0	20.0	74.1
5 000 人以上	70	25.9	25.9	100.0

3. 伙伴企业所有制性质

在 270 份有效问卷样本中,民营性质的联盟企业数量最多,有 95 家,占总样本的有效百分比为 35.2%;外商独资的联盟企业数量其次,有 71 家,占总样本的有效百分比为 26.3%;国有(或国有控股)及中外合资联盟企业的数量再次,有 62 家和 23 家,占总样本的有效百分比分别为 23.0% 和 8.5%;其他所有制性质的联盟企业有 19 家,占总样本的有效百分比为 7.0%。具体如表 7.13 所示。

表 7.13　联盟企业的所有制性质分布

所有制性质	样本数量	百分比	有效百分比	累积百分比
国有/国有控股	62	23.0	23.0	23.0
民　营	95	35.2	35.2	58.1
外商独资	71	26.3	26.3	84.4
中外合资	23	8.5	8.5	93.0
其　他	19	7.0	7.0	100

4. 伙伴企业所属行业

本研究涉及联盟伙伴企业的所属行业以制造业居多,共有 135 家,占总样本的 50.0%;服务业企业是 106 家,占总样本的有效百分比分别为 39.3%;另外,有 29 家联盟伙伴企业所属行业无法清晰界定,占总样本数的有效百分比为 10.7%,具体如表 7.14 所示。

表 7.14　联盟企业的所属行业分布

业务范围	样本数量	百分比	有效百分比	累积百分比
制造业	135	50.0	50.0	50.0
服务业	106	39.3	39.3	89.3
其　他	29	10.7	10.7	100

5. 联盟合作形式

本研究将联盟合采取的主要形式划分为:合资、相互持股、技术开发、OEM 协议、合作生产、营销和服务、特许经营及其他形式。在 270 份有效样本中,选择参与合资公司的企业有 46 家,占总样本数的有效百分比为 17.0%;选择相互持股的企业有 19 家,占总样本数的有效百分比为 7.0%;选择技术开发合作的企业有 27 家,占总样本数的有效百分比为 10.0%;选择 OEM 协议的企业有 25 家,占总样本数的有效百分比为 9.3%;选择合作生产的企业有 34 家,占总样本数的有效百分比为 12.6%;选择营销和服务合作的企业有 53 家,占总样本数的有效百分比为 19.6%;选择特许经营的企业有 9 家,占总样本数的有效百分比为 3.3%;选择两种及以上联盟形式的企业有 41 家,占总样本数的有效百分比为 15.2%;另外,选择其他联盟合作形式的企业有 16 家,占总样本数的有效百分比为 5.9%。具体如表 7.15 所示。

表 7.15　样本企业参与联盟形式分布

联盟形式	样本数量	百分比	有效百分比	累积百分比
合　资	46	17.0	17.0	17.0
相互持股	19	7.0	7.0	24.1
技术开发	27	10.0	10.0	34.1
OEM 协议	25	9.3	9.3	43.3
合作生产	34	12.6	12.6	55.9
营销和服务	53	19.6	19.6	75.6
特许经营	9	3.3	3.3	78.9
两种及以上	41	15.2	15.2	94.1
其　他	16	5.9	5.9	100.0

7.3　效度检验

本研究在问卷设计过程中尽量基于以往学者关于战略联盟及联盟演化机制的实证研究中所运用的成熟量表,但考虑到本研究关于自发性对称破缺视角下战略联盟的演化机制的研究在视角方面的原始创新,因此,为适应本研究的需要,课题组努力在以往研究基础上开发本项研究的新量表,因此在本项研究中,课题组花费大量时间在问卷量表的设计开发,在数据收集录入之后题项的各项检验,特别强调必须谨慎地验证联盟心理、行为和收益破缺量表的效度和信度,而这一验证过程实际上就类似于重新开发量表(刘军,2008)。

量表的效度是指衡量工具能真正量测出该测验所要测出的心理、行为特质或构思程度。在研究中一般需要对量表效度进行检验,以保证量表的有效性。量表效度的检验主要是针对量表的内容效度和结构效度两个方面(吴明隆,2003)。所谓内容效度是指测量工具的适当性和代表性,即测量题项能够反映所要测量的心理特征,以及达到测量目的的程度(Carmines & Zeller,1979),一般以研究者的专业知识主观判断,在问卷设计过程中,通过选取成熟量表、小组讨论、征求企业管理人员和相关专家学者的意见等步骤,保证了量表的内容效度,此处主要检验量表的结构效度。结构效度是指测量工具能够测到所要构思理论结构的程度,也就是从量表所获得的结果与设计该量表时所依据理论间的一致性程度。结构效度以理论的逻辑分析为基础,同时根据实际的数据检验理论的正确性,因此是一种相当严谨的效度检验方法(王保进,2002),结构效度的检验步骤通常包括:(1)根据以往学者的研究成果和所观察到的实践检验建立假设性的理论架构;(2)根据假设开发编制适合的量表;(3)选择适当的被调查对象;(4)运用统计检验的实证方法检验量表能否有效解释架构的假设构思。统计学上通常采用因子分析检验量表的结构效度,若能有效地提取共同因子,且共同因子与理论构建接近,则可判断量表具有较好的结构效度。

本研究将在量表项目分析的基础上,剔除不具鉴别度的相关题项之后再进行因子分析,主要采用探索性因子分析(EFA)和验证性因子分析(CFA)两个步骤来检验量表的结构效度。两个步骤最好采用两个不同的样本来分别进行,如果只针对同一样本进行,则验证性因子分析就仅仅是在拟合数据而不是在检验理论结构(刘军,2008)。在实际研究中,可以先抽取一个较大的样本,然后将其随机地分为两半,分别用于探索性和验证性因子分析(陈永霞等,2006;刘军,2008)。

在此,我们根据小样本和大样本两次调查所收回的有效问卷,将 270 个样本数据用 SPSS 随机分为均等的两部分:第一部分包括 135 个样本数据,用于探索性因子分析;第二部分也包括 135 个样本数据,用于验证性因子分析。

7.3.1 项目分析

项目分析的主要目的在于检验所开发设计的量表或测验个别题项的适合或可靠程度。项目分析以量表总得分前 27% 和后 27% 的差异比较,称为两个极端组比较,极端组比较结果的差异值即称为决断值或临界比(critical ratio,CR)。决断值未达显著的题项(显著性检验概率 p 值大于 0.05)最好剔除(吴明隆,2010)。因此,项目分析在于求出问卷中个别题项的临界比率值——CR 值,将未达显著水平的题项剔除,其主要步骤为:(1)量表题项的反向计分(量表中如无反向题,此步骤可以省略);(2)求出量表的总分;(3)量表总分高低排列;(4)找出高低分组上下 27% 处的分数,本次调查共回收 270 份有效问卷,将总人数之 27% 处的分数记下(本调查共 270 份有效问卷,第 27% 即 73 位受试者),前 73 位即高分组,后 73 位即为低分组;(5)依临界分数将观察值在量表之得分分成高低二组;(6)以独立样本 t-test 检验二组在每个题项的差异;(7)将 t 检验结果未达显著性的题项删除。

以下分别对问卷中联盟状态变量测度量表、联盟破缺变量测度量表和联盟演化变量测度量表进行项目分析。

1. 联盟状态变量测度量表项目分析

联盟状态变量测度量表包含 A、B、C、D、E 的题项,其中不含反向题,按照分析步骤使用 SPSS20.0 软件进行量表项目分析,首先对量表所包含的题项 A—E 得分进行加总,求得高分组和低分组的临界点分别为 120 和 104,以此为临界点将原数据文件重新编码成不同变量,104 以下的为低分组(第 2 组),120

以上的为高分组(第1组),命名新增组别的变量为"状态_组别",变量水平分别为1、2分别代表高分组和低分组。对此新变量进行独立样本 t 检验,分析结果如下(表7.16):

表 7.16 联盟状态量表独立样本 t 检验

		方差方程的 Levene 检验		均值方程的 t 检验					差分的 95% 置信区间	
		F	Sig.	t	df	Sig. (双侧)	均值差值	标准误差值	下限	上限
A1	假设方差相等	60.916	.000	7.337	148	.000	1.102	.150	.806	1.399
	假设方差不相等			7.266	95.192	.000	1.102	.152	.801	1.404
A2	假设方差相等	9.283	.003	7.160	148	.000	1.108	.155	.802	1.413
	假设方差不相等			7.136	137.871	.000	1.108	.155	.801	1.415
A3	假设方差相等	14.179	.000	7.726	148	.000	1.135	.147	.845	1.426
	假设方差不相等			7.682	122.923	.000	1.135	.148	.843	1.428
A4	假设方差相等	21.313	.000	8.318	148	.000	1.173	.141	.894	1.451
	假设方差不相等			8.258	112.812	.000	1.173	.142	.891	1.454
A5	假设方差相等	22.986	.000	8.697	148	.000	1.281	.147	.990	1.572
	假设方差不相等			8.638	115.316	.000	1.281	.148	.987	1.575
B1	假设方差相等	.034	.854	3.677	148	.000	.617	.168	.286	.949
	假设方差不相等			3.682	147.462	.000	.617	.168	.286	.949
B2	假设方差相等	1.131	.289	3.526	148	.001	.642	.182	.282	1.002
	假设方差不相等			3.534	145.088	.001	.642	.182	.283	1.001
B3	假设方差相等	.560	.455	6.136	148	.000	1.089	.177	.738	1.440
	假设方差不相等			6.122	142.660	.000	1.089	.178	.737	1.441
C1	假设方差相等	9.209	.003	6.798	148	.000	1.061	.156	.752	1.369
	假设方差不相等			6.772	134.700	.000	1.061	.157	.751	1.370
C2	假设方差相等	5.920	.016	6.954	148	.000	1.105	.159	.791	1.419
	假设方差不相等			6.942	144.410	.000	1.105	.159	.790	1.419
C3	假设方差相等	.376	.541	8.421	148	.000	1.263	.150	.966	1.559
	假设方差不相等			8.418	147.574	.000	1.263	.150	.966	1.559
C4	假设方差相等	3.675	.057	9.612	148	.000	1.197	.125	.951	1.443
	假设方差不相等			9.578	136.893	.000	1.197	.125	.950	1.444
C5	假设方差相等	10.590	.001	8.419	148	.000	1.092	.130	.836	1.349
	假设方差不相等			8.385	133.678	.000	1.092	.130	.835	1.350
C6	假设方差相等	8.898	.003	8.912	148	.000	1.179	.132	.918	1.440
	假设方差不相等			8.881	136.532	.000	1.179	.133	.917	1.442
D1	假设方差相等	45.160	.000	9.620	148	.000	1.236	.128	.982	1.490
	假设方差不相等			9.527	95.783	.000	1.236	.130	.978	1.493

续表

		方差方程的 Levene 检验		均值方程的 *t* 检验					差分的 95% 置信区间	
		F	Sig.	*t*	df	Sig.（双侧）	均值差值	标准误差值	下限	上限
D2	假设方差相等	2.408	.123	5.148	148	.000	.819	.159	.505	1.134
	假设方差不相等			5.138	144.033	.000	.819	.159	.504	1.135
D3	假设方差相等	2.027	.157	10.119	148	.000	1.292	.128	1.040	1.544
	假设方差不相等			10.073	130.803	.000	1.292	.128	1.038	1.546
D4	假设方差相等	.967	.327	11.279	148	.000	1.410	.125	1.163	1.657
	假设方差不相等			11.246	139.580	.000	1.410	.125	1.162	1.658
D5	假设方差相等	.240	.625	11.907	148	.000	1.383	.116	1.153	1.612
	假设方差不相等			11.858	133.422	.000	1.383	.117	1.152	1.613
D6	假设方差相等	.119	.731	9.643	148	.000	1.166	.121	.927	1.405
	假设方差不相等			9.617	140.560	.000	1.166	.121	.927	1.406
D7	假设方差相等	.410	.523	7.037	148	.000	1.129	.160	.812	1.446
	假设方差不相等			7.040	147.989	.000	1.129	.160	.812	1.446
E1	假设方差相等	5.578	.019	8.971	148	.000	1.372	.153	1.070	1.674
	假设方差不相等			8.947	140.778	.000	1.372	.153	1.069	1.675
E2	假设方差相等	24.839	.000	9.660	148	.000	1.171	.121	.932	1.411
	假设方差不相等			9.597	116.828	.000	1.171	.122	.930	1.413
E3	假设方差相等	.524	.470	6.936	148	.000	1.155	.167	.826	1.484
	假设方差不相等			6.932	147.301	.000	1.155	.167	.826	1.484
E4	假设方差相等	12.569	.001	7.686	148	.000	1.083	.141	.805	1.362
	假设方差不相等			7.647	127.278	.000	1.083	.142	.803	1.363
E5	假设方差相等	6.223	.014	7.346	148	.000	1.111	.151	.812	1.410
	假设方差不相等			7.328	141.767	.000	1.111	.152	.811	1.410
E6	假设方差相等	11.194	.001	8.603	148	.000	1.036	.120	.798	1.274
	假设方差不相等			8.553	122.031	.000	1.036	.121	.796	1.276
E7	假设方差相等	8.187	.005	9.413	148	.000	1.310	.139	1.035	1.585
	假设方差不相等			9.377	134.757	.000	1.310	.140	1.034	1.586
E8	假设方差相等	1.203	.275	9.533	148	.000	1.123	.118	.890	1.356
	假设方差不相等			9.526	146.944	.000	1.123	.118	.890	1.356
E9	假设方差相等	8.700	.004	10.490	148	.000	1.458	.139	1.183	1.732
	假设方差不相等			10.430	122.689	.000	1.458	.140	1.181	1.734

在量表项目分析中，若采用极端值的临界比，若题项高低分组差异的 *t* 统计量大于 3，则表明通过题项鉴别度的检验；反之，若 *t* 统计量的值小于 3.000，则表示题项的鉴别度较差，可以考虑将之剔除。通过观察联盟状态量表项目

分析的独立样本 t 检验的结果，可发现在 $\alpha < 0.05$ 为显著水平下，t 检验结果均为显著，表明联盟状态量表的题项都能区分被试。

2. 联盟破缺变量测度量表项目分析

联盟破缺变量测度量表包含了 F、G、H、I、J、K 的题项，其中含反向题 F1—F7，首先将 F1—F7 这 7 个题项按照"1→5，2→4，3→3，4→2，5→1"的规则，进行反向计分；再按照分析步骤使用 SPSS20.0 软件进行量表项目分析，首先对量表所有包含的题项得分进行加总，求得高分组和低分组的临界点分别为 114 和 91，以此为临界点将原数据文件重新编码成不同变量，91 以下的为低分组（第 2 组），114 以上的为高分组（第 1 组），命名新增组别的变量为"状态_组别"，变量水平分别为 1、2 分别代表高分组和低分组。对此新变量进行独立样本 t 检验，分析结果如下：

表 7.17　联盟破缺量表独立样本 t 检验

		方差方程的 Levene 检验		均值方程的 t 检验					差分的 95% 置信区间	
		F	Sig.	t	df	Sig. （双侧）	均值差值	标准误差值	下限	上限
F1	假设方差相等	3.478	.064	8.492	150	.000	1.073	.126	.824	1.323
	假设方差不相等			8.473	144.364	.000	1.073	.127	.823	1.324
F2	假设方差相等	.300	.585	5.497	150	.000	.693	.126	.444	.942
	假设方差不相等			5.483	143.257	.000	.693	.126	.443	.943
F3	假设方差相等	.067	.795	6.499	150	.000	.788	.121	.548	1.027
	假设方差不相等			6.496	149.486	.000	.788	.121	.548	1.028
F4	假设方差相等	2.059	.153	5.326	150	.000	.780	.147	.491	1.070
	假设方差不相等			5.319	147.591	.000	.780	.147	.490	1.070
F5	假设方差相等	1.457	.229	2.698	150	.008	.408	.151	.109	.708
	假设方差不相等			2.701	149.554	.008	.408	.151	.110	.707
F6	假设方差相等	.003	.957	3.271	150	.001	.632	.193	.250	1.014
	假设方差不相等			3.273	149.970	.001	.632	.193	.250	1.014
F7	假设方差相等	.709	.401	5.392	150	.000	.755	.140	.478	1.032
	假设方差不相等			5.395	149.915	.000	.755	.140	.479	1.032
G1	假设方差相等	3.517	.063	8.577	150	.000	1.341	.156	1.032	1.650
	假设方差不相等			8.564	147.120	.000	1.341	.157	1.032	1.651

续表

		方差方程的 Levene 检验		均值方程的 t 检验						
		F	Sig.	t	df	Sig.（双侧）	均值差值	标准误差值	差分的 95% 置信区间	
									下限	上限
G2	假设方差相等	1.584	.210	11.774	150	.000	1.645	.140	1.369	1.921
	假设方差不相等			11.770	149.584	.000	1.645	.140	1.369	1.921
G3	假设方差相等	3.377	.068	13.540	150	.000	1.632	.121	1.394	1.870
	假设方差不相等			13.506	143.403	.000	1.632	.121	1.393	1.871
G4	假设方差相等	1.789	.183	13.807	150	.000	1.617	.117	1.386	1.849
	假设方差不相等			13.769	142.323	.000	1.617	.117	1.385	1.850
G5	假设方差相等	1.515	.220	13.573	150	.000	1.770	.130	1.513	2.028
	假设方差不相等			13.569	149.618	.000	1.770	.130	1.512	2.028
G6	假设方差相等	2.419	.122	12.287	150	.000	1.709	.139	1.434	1.984
	假设方差不相等			12.260	144.672	.000	1.709	.139	1.433	1.984
G7	假设方差相等	26.479	.000	3.480	150	.001	.605	.174	.261	.948
	假设方差不相等			3.504	121.095	.001	.605	.173	.263	.946
G8	假设方差相等	.494	.483	1.847	150	.067	.333	.180	−.023	.689
	假设方差不相等			1.849	149.622	.067	.333	.180	−.023	.689
G9	假设方差相等	5.423	.021	2.399	150	.018	.418	.174	.074	.762
	假设方差不相等			2.404	147.401	.017	.418	.174	.074	.761
G10	假设方差相等	.314	.576	2.466	150	.015	.437	.177	.087	.787
	假设方差不相等			2.468	149.805	.015	.437	.177	.087	.787
G11	假设方差相等	.639	.425	1.418	150	.158	.263	.185	−.103	.628
	假设方差不相等			1.420	149.312	.158	.263	.185	−.103	.628
H1	假设方差相等	.019	.890	9.283	150	.000	1.328	.143	1.046	1.611
	假设方差不相等			9.295	149.216	.000	1.328	.143	1.046	1.611
H2	假设方差相等	.090	.765	12.168	150	.000	1.427	.117	1.195	1.658
	假设方差不相等			12.186	148.956	.000	1.427	.117	1.195	1.658
H3	假设方差相等	.471	.494	12.868	150	.000	1.493	.116	1.264	1.723
	假设方差不相等			12.891	148.293	.000	1.493	.116	1.264	1.722
H4	假设方差相等	.015	.902	12.775	150	.000	1.450	.113	1.225	1.674
	假设方差不相等			12.785	149.817	.000	1.450	.113	1.226	1.674
H5	假设方差相等	3.324	.070	11.253	150	.000	1.606	.143	1.324	1.888
	假设方差不相等			11.230	145.175	.000	1.606	.143	1.323	1.888
I1	假设方差相等	4.108	.044	13.688	150	.000	1.602	.117	1.371	1.834
	假设方差不相等			13.629	133.369	.000	1.602	.118	1.370	1.835
I2	假设方差相等	4.065	.046	11.289	150	.000	1.431	.127	1.181	1.681
	假设方差不相等			11.247	136.688	.000	1.431	.127	1.179	1.683
I3	假设方差相等	3.069	.082	11.706	150	.000	1.418	.121	1.179	1.658
	假设方差不相等			11.662	136.989	.000	1.418	.122	1.178	1.659

		方差方程的 Levene 检验		均值方程的 t 检验					差分的 95% 置信区间	
		F	Sig.	t	df	Sig.（双侧）	均值差值	标准误差值	下限	上限
I4	假设方差相等	12.294	.001	12.793	150	.000	1.652	.129	1.397	1.908
	假设方差不相等			12.705	115.617	.000	1.652	.130	1.395	1.910
I5	假设方差相等	3.981	.048	10.226	150	.000	1.427	.140	1.151	1.703
	假设方差不相等			10.185	135.209	.000	1.427	.140	1.150	1.704
J1	假设方差相等	12.382	.001	11.866	150	.000	1.485	.125	1.238	1.732
	假设方差不相等			11.800	125.569	.000	1.485	.126	1.236	1.734
J2	假设方差相等	15.342	.000	12.549	150	.000	1.705	.136	1.437	1.974
	假设方差不相等			12.487	129.686	.000	1.705	.137	1.435	1.976
J3	假设方差相等	9.332	.003	7.740	150	.000	1.202	.155	.895	1.509
	假设方差不相等			7.705	132.089	.000	1.202	.156	.893	1.511
J4	假设方差相等	14.304	.000	9.584	150	.000	1.385	.144	1.099	1.670
	假设方差不相等			9.523	119.496	.000	1.385	.145	1.097	1.672
J5	假设方差相等	6.955	.009	7.934	150	.000	1.312	.165	.985	1.638
	假设方差不相等			7.917	145.108	.000	1.312	.166	.984	1.639
J6	假设方差相等	20.573	.000	11.450	150	.000	1.546	.135	1.279	1.813
	假设方差不相等			11.378	120.305	.000	1.546	.136	1.277	1.815
J7	假设方差相等	9.673	.002	11.249	150	.000	1.533	.136	1.264	1.802
	假设方差不相等			11.204	135.008	.000	1.533	.137	1.262	1.804
K1	假设方差相等	7.212	.008	3.364	150	.001	.519	.154	.214	.824
	假设方差不相等			3.358	145.747	.001	.519	.155	.214	.824
K2	假设方差相等	13.989	.000	3.145	150	.002	.480	.153	.178	.782
	假设方差不相等			3.132	134.130	.002	.480	.153	.177	.783
K3	假设方差相等	16.372	.000	3.010	150	.003	.457	.152	.157	.757
	假设方差不相等			2.996	131.444	.003	.457	.153	.155	.759
K4	假设方差相等	10.340	.002	3.768	150	.000	.576	.153	.274	.878
	假设方差不相等			3.756	139.026	.000	.576	.153	.273	.879
K5	假设方差相等	6.690	.011	3.342	150	.001	.496	.149	.203	.790
	假设方差不相等			3.335	145.238	.001	.496	.149	.202	.791
K6	假设方差相等	.973	.325	2.441	150	.016	.403	.165	.077	.729
	假设方差不相等			2.438	148.571	.016	.403	.165	.076	.729
K7	假设方差相等	4.351	.039	3.585	150	.000	.564	.157	.253	.875
	假设方差不相等			3.579	147.131	.000	.564	.158	.253	.875

在上述独立样本 t 检验的统计量中，除题项 G8 和 G11 的检验未达显著外（其中题项 G8 的 $t = 1.847$，$p = 0.067 > 0.05$；题项 G11 的 $t = 1.418$，

$p = 0.158 > 0.05$），其余题项的独立样本 t 检验均达到 0.05 的显著水平，但是题项 F5、G9、G10、K6 的 t 值虽然显著，但是其检验 t 统计量都低于 3.000，因此，考虑到量表的质量，并结合这些题项所代表的具体含义以及与联盟破缺变量的具体关系，还是决定剔除；其他题项的 t 值检验结果都达到显著水平。

3. 联盟演化变量测度量表项目分析

联盟演化变量测度量表包含 L、M、N 的题项，其中不含反向题，按照分析步骤使用 SPSS20.0 软件进行量表项目分析，首先对量表包含的题项 L—N 得分进行加总，求得高分组和低分组的临界点分别为 74 和 61，以此为临界点将原数据文件重新编码成不同变量，61 以下的为低分组（第 2 组），74 以上的为高分组（第 1 组），命名新增组别的变量为"状态_组别"，变量水平分别为 1、2 分别代表高分组和低分组。对此新变量进行独立样本 t 检验，分析结果如下：

表 7.18　联盟演化量表独立样本 t 检验

		方差方程的 Levene 检验		均值方程的 t 检验					差分的 95% 置信区间	
		F	Sig.	t	df	Sig.（双侧）	均值差值	标准误差值	下限	上限
L1	假设方差相等	.004	.949	11.330	159	.000	1.479	.131	1.221	1.737
	假设方差不相等			11.319	157.677	.000	1.479	.131	1.221	1.737
L2	假设方差相等	8.916	.003	10.389	159	.000	1.400	.135	1.134	1.666
	假设方差不相等			10.383	158.008	.000	1.400	.135	1.133	1.666
L3	假设方差相等	17.625	.000	8.874	159	.000	1.096	.124	.852	1.340
	假设方差不相等			8.778	136.498	.000	1.096	.125	.849	1.343
L4	假设方差相等	6.671	.011	10.107	159	.000	1.315	.130	1.058	1.572
	假设方差不相等			10.052	150.693	.000	1.315	.131	1.057	1.574
L5	假设方差相等	18.512	.000	10.267	159	.000	1.348	.131	1.088	1.607
	假设方差不相等			10.193	146.442	.000	1.348	.132	1.086	1.609
L6	假设方差相等	3.616	.059	8.572	159	.000	1.232	.144	.948	1.516
	假设方差不相等			8.516	148.246	.000	1.232	.145	.946	1.518
L7	假设方差相等	24.294	.000	11.899	159	.000	1.553	.131	1.295	1.811
	假设方差不相等			11.694	116.071	.000	1.553	.133	1.290	1.816
M1	假设方差相等	16.844	.000	13.981	159	.000	1.710	.122	1.469	1.952
	假设方差不相等			13.868	144.177	.000	1.710	.123	1.466	1.954

		方差方程的Levene 检验		均值方程的 t 检验						
		F	Sig.	t	df	Sig.（双侧）	均值差值	标准误差值	差分的 95％置信区间	
									下限	上限
M2	假设方差相等	2.814	.095	10.764	159	.000	1.463	.136	1.194	1.731
	假设方差不相等			10.737	155.932	.000	1.463	.136	1.194	1.732
M3	假设方差相等	14.621	.000	9.304	159	.000	1.357	.146	1.069	1.644
	假设方差不相等			9.218	140.807	.000	1.357	.147	1.066	1.647
M4	假设方差相等	18.370	.000	7.975	159	.000	1.143	.143	.860	1.426
	假设方差不相等			8.059	147.774	.000	1.143	.142	.863	1.423
M5	假设方差相等	9.587	.002	8.942	159	.000	1.138	.127	.886	1.389
	假设方差不相等			8.900	152.151	.000	1.138	.128	.885	1.390
M6	假设方差相等	8.312	.004	11.676	159	.000	1.401	.120	1.164	1.638
	假设方差不相等			11.686	158.792	.000	1.401	.120	1.164	1.638
M7	假设方差相等	1.825	.179	7.282	159	.000	1.170	.161	.853	1.487
	假设方差不相等			7.319	157.444	.000	1.170	.160	.854	1.485
M8	假设方差相等	17.895	.000	8.304	159	.000	1.094	.132	.834	1.354
	假设方差不相等			8.191	127.686	.000	1.094	.134	.830	1.358
M9	假设方差相等	17.182	.000	9.120	159	.000	1.187	.130	.930	1.444
	假设方差不相等			8.992	126.429	.000	1.187	.132	.925	1.448
N1	假设方差相等	8.167	.005	3.968	159	.000	.535	.135	.269	.801
	假设方差不相等			3.999	153.180	.000	.535	.134	.271	.799
N2	假设方差相等	1.305	.255	4.039	159	.000	.542	.134	.277	.807
	假设方差不相等			4.061	157.242	.000	.542	.133	.278	.805
N3	假设方差相等	15.550	.000	4.737	159	.000	.627	.132	.366	.889
	假设方差不相等			4.781	150.655	.000	.627	.131	.368	.887
N4	假设方差相等	11.645	.001	3.885	159	.000	.537	.138	.264	.810
	假设方差不相等			3.924	149.042	.000	.537	.137	.267	.808
N5	假设方差相等	8.837	.003	5.294	159	.000	.787	.149	.493	1.081
	假设方差不相等			5.331	154.851	.000	.787	.148	.495	1.079
N6	假设方差相等	3.735	.055	6.209	159	.000	.880	.142	.600	1.160
	假设方差不相等			6.243	156.937	.000	.880	.141	.602	1.159
N7	假设方差相等	12.933	.000	5.392	159	.000	.713	.132	.452	.974
	假设方差不相等			5.441	150.856	.000	.713	.131	.454	.972

通过观察联盟演化量表项目分析的独立样本 t 检验的结果,可发现在 $\alpha <$ 0.05 为显著水平下, t 检验结果均为显著（ $p < 0.05$）,表明联盟演化量表的所有题项都能够区分被试。

7.3.2 探索性因子分析(EFA)

探索性因子分析必须经过多次"探索"和"试探"操作后,才能发掘较佳的因子结构,较适宜的因子结构是指望测量题项抽取的共同因子构面名称与原先调研者编制的大致相同,且抽取共同因子保留的测量题项与调研者编制的题项归类的内容差异最小。在探索性因子分析中,我们以量表为单位,以经过项目分析后保留的测量题项作为探索性因子分析的题项的变量。探索性因子分析的前提是变量之间存在较高的相关性。通常,在因子分析前用 KMO 计算和 Bartlett 球体检验进行判断(Kaiser,1974)。KMO 统计量的基本原理是依据变量间偏相关(partial correlations)系数值而得,当变量间具有关联时,其简单相关会很高,但变量间的偏相关系数会较小,若是量变量间的偏相关系数越小(接近 0),表示变量间越具有公共因子,在因子分析过程中,若各变量的偏相关系数越大,表示变量间的公共因子越少,题项变量数据文件越不适合进行因子分析。KMO 值介于 0—1 之间,一般来说,当 KMO 值小于 0.50 时,表示题项变量间不适合进行因子分析;相对的,若是所有题项变量所呈现的 KMO 指标值大于 0.80,表示题项变量间的关系是良好的(meritorious),题项变量间适合进行因子分析;KMO 指标值大于 0.90,表示题项变量间的关系是极佳的(marvelous),题项变量间非常适合进行因子分析(Spicer,2005)。根据 Kaiser(1974)的观点,进行因子分析时,KMO 指标值的判断准测如表 7.19 所示:

表 7.19　KMO 指标值的判断准则

KMO 指标值	判 别 说 明	因子分析的合适性
0.90 以上	极适合进行因子分析	极佳的(perfect)
0.80 以上	适合进行因子分析	良好的(meritorious)
0.70 以上	尚可进行因子分析	适中的(middling)
0.60 以上	勉强可进行因子分析	普通的(mediocre)
0.50 以上	不适合进行因子分析	欠佳的(miserable)
0.50 以下	非常不适合进行因子分析	无法接受的(unacceptable)

Bartlett 球体检验主要检验 p 值是否小于给定的显著性水平。为了保证

测量题项的区分度,除了在项目分析中剔除未能通过检验的题项以外,本研究在探索性因子分析删除题项的原则是:(1)删除在所有公共因子上符合小于 0.4 的测量题项;(2)删除在两个或两个以上公共因子上符合均大于 0.4 的测量题项;(3)删除在两个或两个以上公共因子符合差异过小的题项(Hatcher,1994)。

下面根据用于探索性因子分析的第一部分样本数据(135 个),我们将描述联盟合作演化具体情况的 95 个题项分为三组。第一组题项测量企业战略联盟的合作状态,包括时间、空间、资源、信息、能力五个维度,以下称这部分变量为"联盟状态变量",共 30 个题项;第二组题项测试战略联盟的破缺,包括联盟心理破缺、行为破缺和收益破缺,以下称这部分变量为"联盟破缺变量",共包含测量联盟破缺的 42 个题项,结合上文针对量表题项鉴别度的项目分析,剔除题项 F5、G8、G9、G10、G11、K6,则联盟破缺量表还包含 36 个题项;第三组题项测试战略联盟的演化,包括联盟演化的速度、幅度以及进程方向,以下称这部分变量为"联盟演化变量",共包含测量联盟演化的 23 个题项。下面我们对这三组量表的题项分别进行探索性因子分析。

1. 联盟状态变量的探索性因子分析

联盟状态变量的量表包括时间、空间、资源、信息和能力五个刻画维度,时间维度的测量题项包括 A1—A5 题,空间维度的测量题项包括 B1—B3 题,资源维度的测量题项包括 C1—C6 题,信息维度的测量题项包括 D1—D7 题,能力维度的测量题项包括 E1—E9 题。

首先,将联盟状态变量的全部题项均纳入探索性因子分析,这部分题项的 KMO 值为 0.797(如表 7.20 所示),Bartlett 球体检验显著,满足因子分析的条件。

表 7.20   KMO 和 Bartlett 检验

取样足够度的 Kaiser-Meyer-Olkin 度量		.797
Bartlett 的球形度检验	近似卡方	2 039.262
	df	435
	Sig.	.000

　　探索性因子分析抽取出 8 个特征值大于 1 的公共因子,旋转前公共因子的特征值分别为 8.391、2.811、2.383、1.715、1.573、1.269、1.221、1.038,采用主成分分析和方差最大法旋转后,八个因子的特征值分别为 3.403、3.229、3.163、2.917、2.543、1.775、1.760、1.611,这 8 个公因子共可以解释 30 个测量题项 68.003％的总变异量,解释程度符合要求,如表 7.21 所示。

表 7.21　解释的总方差

成分	初始特征值			提取平方和载入			旋转平方和载入		
	合计	方差的％	累积％	合计	方差的％	累积％	合计	方差的％	累积％
1	8.391	27.968	27.968	8.391	27.968	27.968	3.403	11.345	11.345
2	2.811	9.370	37.339	2.811	9.370	37.339	3.229	10.764	22.108
3	2.383	7.943	45.282	2.383	7.943	45.282	3.163	10.544	32.653
4	1.715	5.718	51.000	1.715	5.718	51.000	2.917	9.723	42.375
5	1.573	5.244	56.244	1.573	5.244	56.244	2.543	8.475	50.850
6	1.269	4.229	60.473	1.269	4.229	60.473	1.775	5.918	56.768
7	1.221	4.069	64.542	1.221	4.069	64.542	1.760	5.866	62.634
8	1.038	3.461	68.003	1.038	3.461	68.003	1.611	5.369	68.003

提取方法:主成分分析。

　　探索性因子分析结果如下表 7.22 所示,关于题项的因子载荷并无一致的判断标准,一般认为因子载荷至少要达到 0.4,而且不要出现跨因子负载(刘军,2008)。由表 7.22 可知,题项 A5、C4、C5、D1、E2、E6、E9 都存在不同程度的跨因子负载现象,因此,我们采取不断探索尝试性的逐一剔除相关题项;在探索性因子分析过程中产生其他诸如题项 D2、D3、E5、E8 出现跨因子负载或载荷过低的情况,也同样予以剔除;另外,测度联盟合作状态空间因素构面的题项 B3 在因子分析过程中被归入资源构面,题项 C6 和 D1 在因子分析过程中被归入了能力构面,这影响了共同因子的命名,因此也考虑予以剔除(见表 7.22)。

　　通过以上逐步探索性因子分析的尝试,以及在对量表能力维度的信度分析时,发现题项 E3 的 CITC 值小于 0.4,认为其对量表贡献度较低,所以考虑将其剔除,并发现剔除 E3 后的因子分析中题项 E7 存在跨因子载荷现象,也予以剔除。最终,剔除相关题项 A5、B3、C4、C5、C6、D1、D2、D3、E3、E5、E6、E7、E8、E9,共计 14 个题项,还剩余 16 个题项,获得以下探索性因子分析的结果,这部分题项 KMO 值为 0.756(如表 7.23 所示),Bartlett 球体检验显著,满足因子分析的条件。

表 7.22 联盟状态变量的探索性因子分析(纳入全部题项)

题项	成分							
	因子1	因子2	因子3	因子4	因子5	因子6	因子7	因子8
A1	.812							
A2	.866							
A3	.826							
A4	.749							
A5	.562					.462		
B1							.866	
B2							.893	
B3			.623					
C1			.866					
C2			.823					
C3			.789					
C4		.471	.499					
C5		.741	.403					
C6		.643						
D1		.406		.488				
D2								.848
D3				.589				
D4				.641				
D5				.654				
D6				.815				
D7				.729				
E1						.676		
E2		.492						.407
E3						.779		
E4		.665						
E5					.770			
E6		.440			.408			.448
E7					.760			
E8		.699						
E9		.406			.567			

注:小于 0.4 的因子载荷未列出。

表 7.23　KMO 和 Bartlett 的检验

取样足够度的 Kaiser-Meyer-Olkin 度量		.756
Bartlett 的球形度检验	近似卡方	880.357
	df	120
	Sig.	.000

探索性因子分析抽取出 5 个特征值大于 1 的公共因子,旋转前公共因子的特征值分别为 4.645、2.167、1.826、1.474、1.098,采用主成分分析和方差最大法旋转后,五个因子的特征值分别为 2.901、2.408、2.356、1.881、1.665,这五个公因子共可以解释 18 个测量题项 70.066% 的总变异量,解释程度符合要求(如表 7.24 所示)。

表 7.24　解释的总方差

成分	初始特征值			提取平方和载入			旋转平方和载入		
	合计	方差的%	累积%	合计	方差的%	累积%	合计	方差的%	累积%
1	4.645	29.031	29.031	4.645	29.031	29.031	2.901	18.129	18.129
2	2.167	13.547	42.578	2.167	13.547	42.578	2.408	15.049	33.179
3	1.826	11.410	53.988	1.826	11.410	53.988	2.356	14.727	47.905
4	1.474	9.212	63.201	1.474	9.212	63.201	1.881	11.757	59.663
5	1.098	6.865	70.066	1.098	6.865	70.066	1.665	10.403	70.066

提取方法:主成分分析。

探索性因子分析结果如表 7.25 所示,由表 7.25 可知,经过剔除后的题项都符合量表设计的预期,联盟状态量表共包含 18 个测量题项,分为 5 个维度,因子 1 至因子 5 分别对应了时间、资源、信息、能力、空间五个维度。因子 1 代表了联盟状态变量的时间维度,包含题项 A1、A2、A3、A4,共计四个题项;因子 2 代表联盟状态的资源维度,包含题项 C1、C2、C3,共计三个题项;因子 3 代表联盟状态的信息维度,包含题项 D4、D5、D6、D7,共计四个题项;因子 4 代表联盟状态的能力维度,包含题项 E1、E2、E4,共计三个题项;因子 5 代表联盟状态的空间维度,包含题项 B1、B2,共计两个题项。其中在空间构面上测量题项较少,这个构面上的公因子只有两个题项,未达到统计分析要求的公共因子需要包含至少三题的要求，但是由于构建的概念模型中空间维度地理位置等因素对联盟合作状态的影响还是很明显，因此我们还是保留该因子。我们将按照此因子结构进行后续的验证性因子分析。

表 7.25 联盟状态变量的探索性因子分析（剔除部分题项）

成 分	因子 1	因子 2	因子 3	因子 4	因子 5
命 名	时 间	资 源	信 息	能 力	空 间
A1	.810				
A2	.887				
A3	.849				
A4	.740				
B1					.872
B2					.913
C1		.877			
C2		.881			
C3		.834			
D4			.602		
D5			.715		
D6			.798		
D7			.792		
E1				.754	
E2				.696	
E4				.715	

注：小于 0.4 的因子载荷未列出。

2. 联盟破缺变量的探索性因子分析

联盟破缺变量的量表包括联盟心理破缺、行为破缺和收益破缺三个构面，联盟心理破缺的测度题项包括 F 和 G 通过项目分析的题项（基于前文的项目分析，剔除题项 F5 及 G8 至 G11），共计 13 题；联盟行为破缺的测量题项包括 H 和 I 通过项目分析的题项，共计 10 题；联盟收益破缺的测量题项包括 J 和 K 通过项目分析的题项（剔除题项 K6），共计 13 题。

首先，将联盟破缺变量的全部题项均纳入探索性因子分析，这部分题项的 KMO 值为 0.863（如表 7.26 所示），Bartlett 球体检验显著，满足因子分析的条件。

表 7.26　KMO 和 Bartlett 的检验

取样足够度的 Kaiser-Meyer-Olkin 度量		.863
Bartlett 的球体度检验	近似卡方	3 495.629
	df	630
	Sig.	.000

探索性因子分析抽取出 7 个特征值大于 1 的公共因子,旋转前公共因子的特征值分别为 11.748、4.098、2.966、2.239、1.759、1.410、1.071,采用主成分分析和方差最大法旋转后,七个因子的特征值分别为 4.561、4.299、4.117、3.811、3.505、3.177、1.820,这七个公因子共可以解释 36 个测量题项70.253％的总变异量,解释程度符合要求,如表 7.27 所示。

表 7.27　解释的总方差

成分	初始特征值			提取平方和载入			旋转平方和载入		
	合计	方差的％	累积％	合计	方差的％	累积％	合计	方差的％	累积％
1	11.748	32.632	32.632	11.748	32.632	32.632	4.561	12.669	12.669
2	4.098	11.385	44.017	4.098	11.385	44.017	4.299	11.942	24.612
3	2.966	8.238	52.254	2.966	8.238	52.254	4.117	11.437	36.048
4	2.239	6.219	58.474	2.239	6.219	58.474	3.811	10.587	46.635
5	1.759	4.886	63.360	1.759	4.886	63.360	3.505	9.737	56.372
6	1.410	3.918	67.277	1.410	3.918	67.277	3.177	8.825	65.196
7	1.071	2.975	70.253	1.071	2.975	70.253	1.820	5.056	70.253

提取方法:主成分分析。

探索性因子分析结果如下表 7.28 所示,由联盟破缺变量探索性因子初次分析结果可知,题项 G2、H5、J1、J2、J7 都存在着跨因子负载的情况,同时发现第二个公共因子跨了二个维度(联盟绩效破缺和联盟行为破缺)的测量题项,包含了联盟绩效破缺维度的题项 J1、J2 和 J7,联盟行为破缺变量的冲突行为测度题项 I1—I5;因此,采取尝试逐一剔除跨因子载荷的题项进行探索性因子分析。

表 7.28　联盟破缺变量的探索性因子分析(纳入全部题项)

题 项	成　　分						
	因子1	因子2	因子3	因子4	因子5	因子6	因子7
F1					.675		
F2					.647		
F3					.807		
F4					.830		
F6					.531		
F7					.731		
G1							.766
G2				.461			.689
G3				.819			
G4				.762			
G5				.823			
G6				.793			
G7							.631
H1						.658	
H2						.779	
H3						.720	
H4						.704	
H5	.546					.517	
I1		.693					
I2		.784					
I3		.719					
I4		.834					
I5		.590					
J1	.447	.564					
J2	.682	.417					
J3	.805						
J4	.832						
J5	.767						
J6	.751						
J7		.439		.439			
K1			.840				
K2			.822				
K3			.844				
K4			.820				
K5			.816				
K7			.768				

注:小于0.4的因子载荷未列出。

经过逐步探索性因子分析,逐步剔除题项 H5、J7、G7、G2、J1、J2,共计 6 个题项,并发现联盟合作满意度破缺量表的信度分析中,题项 F6 的 CITC 值低于 0.4,故认为其对量表贡献度较低,考虑将其剔除;再结合项目分析剔除的 6

个题项,最终通过剔除相关题项获得以下探索性因子分析的结果,共计剔除 13
个题项,剩余 29 个题项。这部分题项 KMO 值为 0.844(如下表 7.29 所示),
Bartlett 球体检验显著,满足因子分析的条件。

表 7.29　KMO 和 Bartlett 的检验

取样足够度的 Kaiser-Meyer-Olkin 度量		.844
Bartlett 的球形度检验	近似卡方	2 653.295
	df	406
	Sig.	.000

探索性因子分析抽取出 6 个特征值大于 1 的公共因子,旋转前公共因子的
特征值分别为 9.197、4.076、2.688、1.845、1.533、1.253,采用主成分分析和方
差最大法旋转后,六个因子的特征值分别为 4.106、3.591、3.553、3.234、
3.157、2.953,这 6 个公因子共可以解释 29 个测量题项 71.008% 的总变异量,
解释程度符合要求,如表 7.30 所示。

表 7.30　解释的总方差

成分	初始特征值			提取平方和载入			旋转平方和载入		
	合计	方差的%	累积%	合计	方差的%	累积%	合计	方差的%	累积%
1	9.197	31.715	31.715	9.197	31.715	31.715	4.106	14.157	14.157
2	4.076	14.055	45.770	4.076	14.055	45.770	3.591	12.381	26.539
3	2.688	9.268	55.038	2.688	9.268	55.038	3.553	12.250	38.789
4	1.845	6.363	61.401	1.845	6.363	61.401	3.234	11.151	49.941
5	1.533	5.286	66.686	1.533	5.286	66.686	3.157	10.885	60.825
6	1.253	4.322	71.008	1.253	4.322	71.008	2.953	10.183	71.008

提取方法:主成分分析。

探索性因子分析结果如下表 7.31 所示,由表可知,经过剔除后的量表题项
都符合量表设计的预期,联盟破缺量表分为心理破缺、行为破缺和收益破缺,
共包含 30 个测量题项。因子 1 代表了联盟收益破缺的利益分配破缺变量,包
含题项 K1、K2、K3、K4、K5、K7,共 6 个题项;因子 2 代表了联盟心理破缺的
信任破缺维度,包含题项 G1、G3、G4、G5、G6,共 5 个题项;因子 3 代表了联

盟行为破缺变量的冲突行为破缺维度,包含题项 I1、I2、I3、I4、I5,共 5 个题项;因子 4 代表了联盟心理破缺变量的合作满意度破缺维度,包含题项 F1、F2、F3、F4、F7,共 5 个题项;因子 5 代表了联盟收益破缺变量的合作绩效破缺维度,包含题项 J1、J2、J3、J4,共 4 个题项;因子 6 代表了联盟行为破缺变量的机会主义行为破缺维度,包含题项 H1、H2、H3、H4,共计 4 个题项。因此,我们将按照探索性因子分析所获得的因子结构进行后续的验证性因子分析。

表 7.31　联盟破缺变量的探索性因子分析(剔除部分题项)

成分	因子 1	因子 2	因子 3	因子 4	因子 5	因子 6
命名	分配破缺	信任破缺	冲突破缺	满意破缺	绩效破缺	机会主义破缺
F1				.705		
F2				.687		
F3				.814		
F4				.850		
F7				.735		
G1		.616				
G3		.827				
G4		.773				
G5		.800				
G6		.833				
H1						.715
H2						.805
H3						.761
H4						.713
I1			.664			
I2			.807			
I3			.727			
I4			.825			
I5			.623			
J3					.804	
J4					.827	
J5					.792	
J6					.763	
K1	.841					
K2	.821					
K3	.844					
K4	.817					
K5	.818					
K7	.768					

注:小于 0.4 的因子载荷未列出。

3. 联盟演化变量的探索性因子分析

联盟演化变量的量表包括联盟演化速度、演化幅度以及联盟演化的进程方向三个构面,联盟演化速度的测量题项包括 L1—L7,联盟演化幅度的测量题项包括 M1—M9,联盟演化进程方向的测量题项包括 N1—N7。

首先,将联盟演化变量的全部题项均纳入探索性因子分析,这部分题项的 KMO 值为 0.827(如下表 7.32 所示),Bartlett 球体检验显著,满足因子分析的条件。

表 7.32 KMO 和 Bartlett 的检验

取样足够度的 Kaiser-Meyer-Olkin 度量		.827
Bartlett 的球形度检验	近似卡方	1 764.725
	df	253
	Sig.	.000

探索性因子分析抽取出 5 个特征值大于 1 的公共因子,旋转前公共因子的特征值分别为 6.885、4.603、1.622、1.144、1.068,采用主成分分析和方差最大法旋转后,5 个因子的特征值分别为 4.423、4.212、3.670、1.568、1.448,这 5 个公因子共可以解释 23 个测量题项 66.616% 的总变异量,解释程度符合要求,如表 7.33 所示。

表 7.33 解释的总方差

成分	初始特征值			提取平方和载入			旋转平方和载入		
	合计	方差的%	累积%	合计	方差的%	累积%	合计	方差的%	累积%
1	6.885	29.936	29.936	6.885	29.936	29.936	4.423	19.232	19.232
2	4.603	20.012	49.948	4.603	20.012	49.948	4.212	18.314	37.545
3	1.622	7.050	56.998	1.622	7.050	56.998	3.670	15.957	53.502
4	1.144	4.975	61.973	1.144	4.975	61.973	1.568	6.817	60.319
5	1.068	4.642	66.616	1.068	4.642	66.616	1.448	6.297	66.616

提取方法:主成分分析。

探索性因子分析结果如表 7.34 所示,由联盟演化变量的探索性因子初次分析结果可知,题项 L3、L4、L5、M1、M4、M6 都存在着跨因子负载的情况,同时发现第二和第三个公共因子横跨了演化速度和服务两个构面的测量题项,第二个公共因子包含了演化速度构面中测量题项 L3—L7 和演化幅度构面中的 M6、M8、M9,因此保留题项较多的演化速度构面;而第三个公共因子包含了演化速度维度中的题项 L2、L4、L5 和演化幅度维度中的测量题项 M1—M6,因此保留题项较多的演化幅度构面,第三个因子中跨度在演化速度构面的题项在解决跨因子负载的题项后,也将得到有效剔除;第四个和第五个公共因子则显得比较零落,拟在处理跨因子负载的题项的过程中再进行观察。因此,采取尝试逐一剔除题项进行探索性因子分析。

表 7.34 联盟演化变量的探索性因子分析

题 项	成 分				
	因子 1	因子 2	因子 3	因子 4	因子 5
L1				.702	
L2			.686		
L3		.562		.409	
L4		.515	.424		
L5		.517	.488		
L6		.800			
L7		.818			
M1			.403	.492	
M2			.842		
M3			.788		
M4			.547		.482
M5			.654		
M6		.562	.569		
M7					.773
M8		.741			
M9		.826			
N1	.750				
N2	.706				
N3	.640				
N4	.762				
N5	.805				
N6	.869				
N7	.847				

注:小于 0.4 的因子载荷未列出。

在剔除相关跨因子负载的题项之后,在第二个公共因子(代表演化速度)还包含了演化幅度构面的题项 M8 和 M9,在第三个公共因子(代表演化幅度)还包含了演化速度构面的题项 L2,难以命名公共因子,也考虑予以剔除。最终,剔除题项 L1、L2、L4、L5、M4—M9,共计 10 个题项,通过剔除这 10 个题项获得以下探索性因子分析的结果,这部分题项 KMO 值为 0.776(如表 7.35 所示),Bartlett 球体检验显著,满足因子分析的条件。

表 7.35　KMO 和 Bartlett 的检验

取样足够度的 Kaiser-Meyer-Olkin 度量		.776
	近似卡方	866.387
Bartlett 的球形度检验	df	78
	Sig.	.000

探索性因子分析抽取出 3 个特征值大于 1 的公共因子,旋转前公共因子的特征值分别为 4.338、3.049、1.142,采用主成分分析和方差最大法旋转后,3 个因子的特征值分别为 4.338、2.216、1.975,这三个公因子共可以解释 13 个测量题项 65.610% 的总变异量,解释程度符合要求,如下表 7.36 所示。

表 7.36　解释的总方差

成分	初始特征值			提取平方和载入			旋转平方和载入		
	合计	方差的%	累积%	合计	方差的%	累积%	合计	方差的%	累积%
1	4.338	33.372	33.372	4.338	33.372	33.372	4.338	33.370	33.370
2	3.049	23.454	56.827	3.049	23.454	56.827	2.216	17.050	50.419
3	1.142	8.783	65.610	1.142	8.783	65.610	1.975	15.191	65.610

提取方法:主成分分析。

探索性因子分析结果如下表 7.37 所示,由表 7.37 可知,经过剔除后的题项都符合量表设计的预期,联盟演化的量表共包含 13 个题项。因子 1 代表了联盟演化变量的进程方向维度,包含题项 N1—N7,共 7 个题项;因子 2 代表了联盟演化变量的演化速度维度,包含题项 L3、L6、L7,共 3 个题项;因子 3 代表了联盟演化变量的演化幅度维度,包含题项 M1、M2、M3,共 3 个题项。因此,我们将按照联盟演化的探索性因子分析所获得的因子结构进行后续的验证性因子分析。

表 7.37 联盟演化变量的探索性因子分析

成 分	因子 1	因子 2	因子 3
命 名	演化方向	演化速度	演化幅度
L3		.654	
L6		.878	
L7		.872	
M1			.654
M2			.877
M3			.786
N1	.804		
N2	.750		
N3	.641		
N4	.780		
N5	.778		
N6	.840		
N7	.838		

注:小于 0.4 的因子载荷未列出。

7.3.3 验证性因子分析(CFA)

我们运用结构方程模型来进行验证性因子分析(使用 LISREL 8.7 软件),并检验收敛效度和判别效度。根据结构方程的数学原理,一般对于测量题项较少的一维构思变量因为达到模型饱和状态而无需进行验证分析,验证一个理论模型是否与实际数据相符,要通过一系列契合度指针来反映。邱浩政(2004)将契合度指标分成四类:(1)卡方检验:P 值与 χ^2/df 值(chi-square/df ratio,卡方与自由度的比值);(2)适合度指标:GFI、AGFI、PGFI、NFI、NNFI(不规范拟合指数)等;(3)替代性指标:NCP、CFI(Comjparative Fit Index,比较拟合指数)、RMSEA(Root Mean Square Error of Appromiation,近似误差均方根)、AIC、CAIC、CN;(4)残差分析:RMR、SRMR。Marsh 等将拟合指标分成三种:绝对指标、相对指标和简约指标。常用的绝对拟合指标有 χ^2、GFI、

AGFI、RMR、RMSEA；相对拟合指标有 NFI、NNFI、CFI。由于 $\chi^2/\mathrm{d}f$ 会调整模型的复杂程度，因此被较多地采用。模型拟合指数是考察理论结构模型对数据拟合程度的统计指标。不同类别的模型拟合指数可以从模型复杂性、样本大小、相对性与绝对性等方面对理论模型进行度量。如表 7.38 所示。

表 7.38　结构方程模型拟合指数

指　数　名　称		评　价　标　准
绝对拟合指数	χ^2（卡方）	越小越好
	GFI	大于 0.9
	RMR	小于 0.05，越小越好
	SRMR	小于 0.05，越小越好
	RMSEA	小于 0.05，越小越好
相对拟合指数	NFI	大于 0.9，越接近 1 越好
	TLI	大于 0.9，越接近 1 越好
	CFI	大于 0.9，越接近 1 越好
信息指数	AIC	越小越好
	CAIC	越小越好

对于结构方程模型的拟合指数，参照结构方程模型专家的建议（温忠麟等，2004）和管理学者在实际研究中的做法（Tsui et al.，2006；蒋春燕、赵曙明，2006），我们选择 $\chi^2/\mathrm{d}f$、RMSEA、NNFI、CFI 和 IFI。这些指标争议较小，也足以评价结构方程模型的拟合度。

我们将经探索性因子分析（EFA）剔除后的 58 个题项，其中联盟状态变量包含 16 个题项，联盟破缺变量包含 29 个题项，联盟演化变量包含 13 个题项，运用 LISREL 8.7 软件进行验证性因子分析，将相关题项数据和因子输入，结构方程模型的相关拟合指数结果如表 7.39 所示。

表 7.39　变量验证性因子分析模型拟合指数

χ^2	$\mathrm{d}f$	P 值	$\chi^2/\mathrm{d}f$	RMSEA	NNFI	CFI	IFI
1 828.977	1 504	$P < 0.01$	1.216	0.040	0.931	0.938	0.939

"违犯估计"现象指存在负的误差项、标准化指数超过或太接近1、有太大的标准误(黄芳铭,2005),模型拟合结果中无"违犯估计"现象,符合基本拟合标准。由表知,χ^2/df 小于 3,RMSEA 小于 0.05,NNFI、CFI 和 IFI 均大于 0.9,显示模型拟合较好。

验证性因子分析的变量标准化因子载荷如表 7.40 所示。

表 7.40　变量的因子载荷

因　子		指标	标准化因子载荷	t 值	组合信度值(CR)	平均变异抽取量(AVE)
战略联盟合作状态	合作时间	A1	0.724 ***	8.927	0.806	0.511
		A2	0.753 ***	9.417		
		A3	0.711 ***	8.717		
		A4	0.668 ***	8.041		
	合作空间	B1	0.732 ***	7.728	0.761	0.615
		B2	0.833 ***	8.586		
	资源投入	C1	0.622 ***	6.981	0.746	0.497
		C2	0.779 ***	8.918		
		C3	0.706 ***	8.025		
	信息沟通	D4	0.782 ***	10.064	0.823	0.541
		D5	0.763 ***	9.733		
		D6	0.787 ***	10.150		
		D7	0.592 ***	7.011		
	合作能力	E1	0.686 ***	7.800	0.656	0.398
		E2	0.724 ***	8.262		
		E4	0.447 ***	4.791		
联盟心理破缺	满意破缺	F1	0.714 ***	9.037	0.845	0.526
		F2	0.644 ***	7.904		
		F3	0.866 ***	11.890		
		F4	0.734 ***	9.385		
		F7	0.644 ***	7.891		
	信任破缺	G1	0.775 ***	10.494	0.909	0.668
		G3	0.939 ***	14.260		
		G4	0.856 ***	12.198		
		G5	0.727 ***	9.583		
		G6	0.771 ***	10.412		

续表

因　　子	指标	标准化因子载荷	*t* 值	组合信度值 （CR）	平均变异抽取量 （AVE）
联盟行为 破缺					
机会主义 破缺	H1	0.543 ***	6.550	0.871	0.636
	H2	0.861 ***	12.202		
	H3	0.870 ***	12.395		
	H4	0.867 ***	12.327		
冲突破缺	I1	0.826 ***	11.507	0.913	0.680
	I2	0.840 ***	11.813		
	I3	0.836 ***	11.734		
	I4	0.857 ***	12.195		
	I5	0.761 ***	10.192		
联盟收益 破缺					
绩效破缺	J3	0.747 ***	9.794	0.878	0.643
	J4	0.810 ***	11.006		
	J5	0.808 ***	10.969		
	J6	0.840 ***	11.628		
分配破缺	K1	0.836 ***	11.720	0.910	0.629
	K2	0.793 ***	10.806		
	K3	0.848 ***	11.980		
	K4	0.885 ***	12.843		
	K5	0.637 ***	8.018		
	K7	0.735 ***	9.691		
战略联盟 演化					
演化速度	L3	0.618 ***	7.482	0.755	0.522
	L6	0.547 ***	6.493		
	L7	0.940 ***	12.590		
演化幅度	M1	0.485 ***	5.343	0.674	0.415
	M2	0.737 ***	8.681		
	M3	0.684 ***	7.980		
演化方向	N1	0.721 ***	9.425	0.908	0.589
	N2	0.709 ***	9.219		
	N3	0.526 ***	6.349		
	N4	0.813 ***	11.226		
	N5	0.816 ***	11.278		
	N6	0.857 ***	12.178		
	N7	0.874 ***	12.564		

注：*** 代表 $P < 0.01$。

表 7.41　变量的因子间相关系数

变量	因子	1	2	3	4	5	6	7	8	9	10	11	12	13	14
联盟状态	1. 合作时间	1.000													
	2. 合作空间	0.391 (0.097)	1.000												
	3. 资源投入	0.229 (0.106)	−0.165 (0.111)	1.000											
	4. 信息沟通	0.522 (0.082)	0.162 (0.105)	0.395 (0.095)	1.000										
	5. 合作能力	0.611 (0.087)	0.010 (0.118)	0.413 (0.106)	0.624 (0.083)	1.000									
心理破缺	6. 满意破缺	−0.001 (0.103)	0.066 (0.105)	−0.119 (0.105)	−0.086 (0.101)	−0.035 (0.111)	1.000								
	7. 信任破缺	−0.114 (0.098)	0.266 (0.096)	−0.110 (0.101)	−0.084 (0.097)	−0.153 (0.106)	0.429 (0.080)	1.000							
行为破缺	8. 机会主义破缺	−0.067 (0.101)	0.182 (0.101)	0.088 (0.104)	−0.012 (0.099)	−0.114 (0.108)	0.369 (0.086)	0.674 (0.055)	1.000						
	9. 冲突破缺	−0.122 (0.099)	0.104 (0.102)	0.083 (0.103)	0.028 (0.099)	−0.152 (0.107)	0.400 (0.083)	0.656 (0.056)	0.787 (0.042)	1.000					
收益破缺	10. 绩效破缺	−0.075 (0.102)	0.120 (0.103)	0.015 (0.106)	−0.019 (0.101)	−0.118 (0.110)	0.595 (0.069)	0.648 (0.059)	0.635 (0.062)	0.751 (0.048)	1.000				
	11. 分配破缺	0.075 (0.099)	0.123 (0.101)	−0.041 (0.103)	0.021 (0.098)	0.024 (0.108)	0.041 (0.096)	−0.026 (0.093)	0.057 (0.094)	−0.029 (0.094)	−0.009 (0.096)	1.000			
联盟演化	12. 演化速度	0.066 (0.101)	0.029 (0.104)	0.014 (0.105)	0.015 (0.100)	0.059 (0.109)	0.019 (0.098)	0.253 (0.089)	0.143 (0.094)	0.138 (0.094)	0.105 (0.096)	0.461 (0.078)	1.000		
	13. 演化幅度	0.106 (0.114)	0.078 (0.117)	0.074 (0.118)	0.043 (0.112)	−0.039 (0.124)	0.037 (0.110)	0.167 (0.104)	0.061 (0.108)	0.115 (0.106)	−0.004 (0.110)	0.385 (0.095)	0.787 (0.066)	1.000	
	14. 演化方向	0.149 (0.098)	−0.013 (0.102)	0.169 (0.101)	0.239 (0.093)	0.265 (0.102)	−0.072 (0.096)	0.108 (0.092)	0.074 (0.094)	0.082 (0.093)	−0.018 (0.096)	−0.475 (0.074)	0.043 (0.095)	0.085 (0.106)	1.000

注：括号中为标准差。

由上表 7.40 可知,各变量的标准化因子载荷除了题项 E4 和 M1 因子载荷低于 0.5 外,其他均高于 0.5,且都达到较高的显著性水平($P < 0.01$);相应地,这两个题项指向因子的组合信度值(CR)和平均变异抽取量(AVE)值也稍低,但结合变量因子之间的相关系数(如表 7.41 所示)的结果,各因子之间的两两相关系数加减两倍标准差(即相关系数的 95% 置信区间)均不包含 1(或 -1),显示了较好的判别效度。因此,总体上验证性因子分析的结果显示了较好的收敛效度。

7.4　信度检验

信度(reliability)是指测验或量表工具所测的结果的稳定性(stability)及一致性(consistency),量表的信度越大,则其测量标准误越小,代表量表越稳定。在因子分析之后,要继续进行量表各层面与总量表的信度检验。在态度量表中常用的检验信度的方法是 L.J.Cronbach 所创的 α 系数,其公式为:

$$\alpha = \frac{K}{1-K}\left(1 - \frac{\sum S_i^2}{S^2}\right)$$

其中,K 为量表所包括的总题项数;$\sum S_i^2$ 为量表题项的方差总和;S^2 为量表题项加总后方差。α 系数值在 0—1 之间,α 出现 0 或 1 两个极端值的概率很低,关于 α 系数值满足信度检验的评判标准,不同方法论学者有着不同的看法。一般认为,α 系数值如果为 0.60—0.65 最好不要;α 系数值为 0.65—0.70 是最小可接受值;α 系数值为 0.70—0.80 相当好;α 系数值为 0.80—0.90 非常好 (DeVellis, 1991)。不过,Hair 等(1998)也指出:当变量的测量指标少于 6 个时,α 大于 0.6 即表明量表是可靠的,在探索性研究中,α 大于 0.5 就是可接受的。

本研究采用 SPSS20.0 研究数据的内部一致性,运用软件量表度量的 Reliability Analysis 功能,分析 270 个有效样本中经由探索性因子分析检验通过的

58个测量题项,可得到如表7.42的结果,显示 Cronbach's α 系数为0.863,说明本研究所使用数据具有较好的信度。

表7.42 可靠性统计量

Cronbach's Alpha	项　数
.863	58

另外,对问卷中每个潜变量的信度以及拆分的两个子样本和总的有效样本分别进行信度检验,其结果如下表7.43所示,由表7.43可知,大部分变量的 Cronbach's α 值均达到0.7,个别变量稍低于0.7,但也超过了0.6;比较低的 Cronbach's α 值主要出现在题项较少的变量中,通过对全部有效样本各个潜变量信度的检验,可认为量表具有较好的信度。

表7.43 信度分析

变　量	因　子	题项数	Cronbach's α 第一部分样本 $N=135$	第二部分样本 $N=135$	全部样本 $N=270$
联盟状态	合作时间	4	0.867	0.804	0.837
	合作空间	2	0.787	0.756	0.770
	资源投入	3	0.854	0.738	0.805
	信息沟通	4	0.767	0.816	0.794
	合作能力	3	0.642	0.642	0.642
心理破缺	满意破缺	5	0.845	0.839	0.842
	信任破缺	5	0.881	0.905	0.894
行为破缺	机会主义破缺	4	0.856	0.862	0.857
	冲突破缺	5	0.907	0.912	0.910
收益破缺	绩效破缺	4	0.885	0.877	0.881
	分配破缺	6	0.902	0.909	0.906
联盟演化	演化速度	3	0.787	0.740	0.765
	演化幅度	3	0.746	0.652	0.706
	演化方向	7	0.889	0.907	0.899

7.5　本章小结

本章主要针对回收的270份有效实证调查问卷进行描述性统计分析,以大致了解受访企业完成问卷的情况,进而重点对所设计问卷的量表分别进行了项目分析、效度检验和信度检验,剔除不符合研究要求的题项,通过探索性因子分析获取量表的因子构成,并基于探索性因子分析所得到的因子结构进行验证性因子分析,通过一系列效度和信度检验,为后文实证分析的假设检验提供量表和数据的质量保证。

第8章 假设检验

8.1 回归分析方法

8.1.1 假设检验方法的选择

我们选用回归分析作为主要的假设检验方法。对于战略联盟状态对联盟破缺和联盟演化影响、联盟破缺对联盟演化影响的研究假设,我们首先运用回归分析进行检验。此外,我们也用结构方程模型进行全模型分析来检验关于战略联盟破缺对联盟演化影响直接作用的假设,为回归分析结果提供辅助的证据。另外,回归分析便于设置较多的控制变量,可以较为精确地分离出自变量的作用效果,而结构方程模型在控制变量设置方面存在一些局限。在实证研究中,仍有相当多的学者在运用结构方程模型技术进行验证性因子分析之后,再采用回归分析来检验变量间的直接影响作用(Jansen et al.,2006;Tanriverdi,2006),这种方法得到的分析结果是较可靠的,仍被学术界接受。

8.1.2 回归分析中的变量处理

1. 变量得分的计算

关于变量得分的计算,在对问卷数据的处理中遵循一般做法,我们将每一变量所辖题项得分的简单算术平均值来代表该变量的得分,然后用变量得分进行回归。

2. 交互项的计算

遵循常见的做法，在计算变量的交叉项之前，我们先将变量得分居中化（减去变量的均值），以减少多重共线性的影响（Aiken and West，1991）。

3. 控制变量设置

本项研究中，根据回归分析需要，为确认自变量在回归模型中的解释力，设置了若干控制变量，包括本企业以及联盟伙伴企业相对应的一些指标：

企业经营年限："1 年以下、1—5 年、5—10 年、10—15 年、15 年以上"，这 5 个选项分别对应 1 至 5 分的变量得分。

企业及伙伴经营规模（员工数）："100 人及以下、101—500 人、501—1 000 人、1 001—5 000 人、5 000 人以上"，这 5 个选项分别对应 1—5 分的变量得分。

企业及伙伴所有权性质：根据样本描述性统计的结果，我们设置虚拟变量（1 为外资企业，0 为无外资参与）。

企业及伙伴所属行业：包括"制造业、服务业、其他"三类，根据样本描述性统计的结果，我们设置虚拟变量（1 为制造业，0 为非制造业）。

企业及伙伴所在地区：根据样本描述性统计的结果，以长三角地区为基准，用长三角地区（1 为长三角地区，0 为非长三角地区）虚拟变量来表示。

联盟合作形式：包括"合资、相互持股、技术开发、OEM 协议、合作生产、营销和服务、特许经营、其他"，根据样本描述性统计的结果，设置虚拟变量股权式联盟（1 为股权式联盟，0 为非股权式联盟）、契约式联盟（1 为契约式联盟，0 为非契约式联盟）和多重联盟（1 为多重联盟形式，0 为单一联盟形式）。

8.1.3　多重共线性检验

多重共线性是数学上的线性相依，是回归模型中预测变量本身间有很高的相关性，常用指标容忍度（tolerance）、方差膨胀系数（VIF）、条件指标（CI）、特征值（eigenvalue）来评价。对于每个回归方程，我们均计算各变量的方差膨胀

因子(VIF),以检查多重共线性的影响。在报告回归分析结果时,我们列出了
每个回归方程 VIF 的最大值。当所有的方差膨胀因子均远小于 10 时,说明变
量间多重共线性的影响并不严重,回归分析结果是比较可靠的。

8.1.4　异方差检验

根据 Ferrier 等(1999)和郭志刚等(1999)的论著,实证分析对每个回归方
程绘制标准化预测值和标准残差值的散点图(通过 SPSS 软件实现)。限于篇
幅,我们没有列出这些散点图。这些散点图均呈随机排列,无明显规律性,因
此可认为异方差的影响并不严重,回归分析结果是比较可靠的。

8.1.5　自相关检验

我们用 Durbin-Watson 统计量来检验回归方程中的一阶自相关。在报告
回归分析结果时,我们列出了每个回归方程的 Durbin-Watson 统计量。结果显
示所有的 Durbin-Watson 统计量(在 $p < 0.05$ 的显著性水平上)均未落入拒绝
域,即未发现显著一阶自相关的证据。此外,我们所采用的横截面数据并不存
在时间上的自相关,录入数据时观测单位的先后顺序也是随机的,未按任何规
律进行排序。因此,实证检验的结果自相关的影响并不严重,回归分析结果是
比较可靠的。

8.1.6　关于结果报告

实证检验中,我们用数字和单词缩写为回归模型编号,相同数字编号的
模型所包含的自变量是相同的,单词缩写则代表该模型的因变量。例如:模型
1-psy、模型 1-spe、模型 1-ran、模型 1-dir 的模型设定是相同的,都包含了相同的
自变量,单词缩写 spe、ran、dir 则代表这三个模型分别以演化速度、演化幅度、
演化方向作为因变量进行的回归分析。

8.2 关于直接作用的假设检验

8.2.1 联盟破缺对联盟演化影响的回归分析

1. 联盟破缺二阶变量对联盟演化影响的回归分析

战略联盟心理破缺、行为破缺和收益破缺对联盟演化直接作用影响的假设，即研究假设 H1a—c，如表 8.1 所示。

表 8.1 联盟破缺对联盟演化影响的回归分析结果

因变量模型	演化速度		演化幅度		演化方向	
	模型 1-spe	模型 2-spe	模型 1-ran	模型 2-ran	模型 1-dir	模型 2-dir
企业经营年限	−0.084	−0.085	−0.019	−0.024	0.050	0.054
	(−1.198)	(−1.298)	(−0.275)	(−0.355)	(0.715)	(0.819)
企业规模	0.111	0.116*	−0.019	−0.015	0.064	0.053
	(1.564)	(1.736)	(−0.269)	(−0.214)	(0.897)	(0.789)
企业位置	0.037	0.026	0.011	0.000	0.017	0.028
	(0.582)	(0.430)	(0.172)	(0.001)	(0.269)	(0.469)
企业性质	0.044	0.071	0.082	0.110*	0.106	0.078
	(0.673)	(1.152)	(1.255)	(1.713)	(1.611)	(1.239)
企业所属行业	0.140	0.117	0.211**	0.190**	0.060	0.087
	(1.560)	(1.393)	(2.346)	(2.176)	(0.659)	(1.020)
伙伴位置	0.063	0.060	0.118*	0.119*	−0.012	−0.011
	(0.986)	(0.991)	(1.834)	(1.909)	(−0.192)	(−0.179)
伙伴企业性质	−0.033	−0.018	0.026	0.036	−0.020	−0.036
	(0.525)	(−0.302)	(0.409)	(0.598)	(−0.317)	(−0.615)
伙伴所属行业	−0.065	−0.078	−0.141	−0.148*	−0.140	−0.128
	(−0.738)	(−0.951)	(−1.600)	(−1.729)	(−1.576)	(−1.537)
股权式联盟	0.035	0.040	−0.129	−0.126	−0.133	−0.139
	(0.290)	(0.353)	(−1.072)	(−1.085)	(−1.095)	(−1.229)
契约式联盟	0.212	0.181	−0.080	−0.101	−0.107	−0.080
	(1.612)	(1.480)	(−0.608)	(−0.789)	(−0.806)	(−0.648)
多重联盟	0.161	0.155	−0.143	−0.144	−0.014	−0.010
	(1.511)	(1.557)	(−1.337)	(−1.386)	(−0.126)	(−0.095)
心理破缺		−0.043		−0.091		0.045
		(−0.565)		(−1.154)		(0.593)
行为破缺		−1.134*		−0.069		0.173**
		(−1.749)		(−0.859)		(2.223)

续表

因变量模型	演化速度		演化幅度		演化方向	
	1-spe	模型 2-spe	模型 1-ran	模型 2-ran	模型 1-dir	模型 2-dir
收益破缺		0.396 ***		0.289 ***		−0.388 ***
		(6.464)		(4.538)		(−6.255)
F	1.645	4.476 ***	1.475	2.754 ***	1.211	3.952 ***
R^2	0.066	0.197	0.059	0.131	0.049	0.178
Adj. R^2	0.026	0.153	0.019	0.084	0.009	0.133
ΔR^2		0.131 ***		0.072 ***		0.129 ***
VIF 最大值	4.754	4.767	4.754	4.767	4.754	4.767
D-W	1.967	1.990	1.875	1.919	2.079	1.944

注:(1)括号中为 t 值;(2)系数已标准化;(3)* 表示 $p<0.1$,** 表示 $p<0.05$,*** 表示 $p<0.01$(双尾);(4)截距项未列示。

在表 8.1 中,模型 1 为只包含控制变量的基准模型,模型 2 则加入了联盟破缺机制中的心理破缺、行为破缺、收益破缺三个自变量。由表 8.1 的回归分析结果可知:

联盟心理破缺对联盟演化速度、幅度和方向三个维度的影响均不显著($\beta=-0.043$,$p>0.1$;$\beta=-0.091$,$p>0.1$;$\beta=0.045$,$p>0.1$),因此,研究假设 H1a 无法得到统计支持。

联盟行为破缺对联盟演化速度的负向影响边缘显著($\beta=-1.134$,$p<0.1$),对联盟演化幅度的影响不显著($\beta=-0.069$,$p>0.1$),对联盟演化方向有显著的正向影响($\beta=0.173$,$p<0.05$);因此,研究假设 H1b 仅得到部分支持。

联盟收益破缺对联盟演化速度有显著的正向影响($\beta=0.396$,$p<0.01$),对联盟演化幅度也有显著的正向影响($\beta=0.289$,$p<0.01$),而对联盟演化方向有显著的负向影响($\beta=-0.388$,$p<0.01$);因此,研究假设 H1c 得到支持。

2. 联盟破缺一阶变量对联盟演化的影响

战略联盟心理破缺包含联盟满意破缺和信任破缺两个一阶变量,联盟行为破缺包含机会主义破缺和冲突破缺两个一阶变量,联盟收益破缺包含联盟绩效破缺和收益分配破缺两个一阶变量,这些一阶破缺变量对联盟演化直接作用影响的假设,即研究假设 H2a—f,如表 8.2 所示。

表 8.2　联盟破缺对联盟演化影响的回归分析结果

因变量模型	演化速度		演化幅度		演化方向	
	模型 1-spe	模型 3-spe	模型 1-ran	模型 3-ran	模型 1-dir	模型 3-dir
企业经营年限	−0.084	−0.084	−0.019	−0.024	0.050	0.051
	(−1.198)	(−1.299)	(−0.275)	(−0.356)	(0.715)	(0.778)
企业规模	0.111	0.119*	−0.019	−0.017	0.064	0.066
	(1.564)	(1.809)	(−0.269)	(−0.241)	(0.897)	(0.994)
企业位置	0.037	0.032	0.011	0.000	0.017	0.031
	(0.582)	(0.548)	(0.172)	(0.007)	(0.269)	(0.525)
企业性质	0.044	0.077	0.082	0.110	0.106	0.079
	(0.673)	(1.261)	(1.255)	(1.704)	(1.611)	(1.279)
企业所属行业	0.140	0.111	0.211**	0.191**	0.060	0.082
	(1.560)	(1.347)	(2.346)	(2.182)	(0.659)	(0.976)
伙伴位置	0.063	0.045	0.118*	0.113*	−0.012	−0.008
	(0.986)	(0.752)	(1.834)	(1.799)	(−0.192)	(−0.127)
伙伴企业性质	−0.033	−0.021	0.026	0.035	−0.020	−0.035
	(0.525)	(−0.370)	(0.409)	(0.579)	(−0.317)	(−0.607)
伙伴所属行业	−0.065	−0.069	−0.141	−0.150*	−0.140	−0.115
	(−0.738)	(−0.852)	(−1.600)	(−1.747)	(−1.576)	(−1.400)
股权式联盟	0.035	0.032	−0.129	−0.137	−0.133	−0.127
	(0.290)	(0.293)	(−1.072)	(−1.172)	(−1.095)	(−1.135)
契约式联盟	0.212	0.180	−0.080	−0.114	−0.107	−0.047
	(1.612)	(1.489)	(−0.608)	(−0.889)	(−0.806)	(−0.380)
多重联盟	0.161	0.162	−0.143	−0.150	−0.014	0.020
	(1.511)	(1.643)	(−1.337)	(−1.445)	(−0.126)	(0.204)
满意破缺		−0.073		−0.025		−0.114*
		(−1.146)		(−0.375)		(−1.757)
信任破缺		0.099		−0.028		0.104
		(1.351)		(−0.365)		(1.405)
机会主义破缺		−0.016		0.026		0.051
		(−0.201)		(0.311)		(0.642)
冲突破缺		−0.081		−0.042		0.022
		(−0.931)		(−0.452)		(0.251)
绩效破缺		0.066		0.040		−0.055
		(0.892)		(0.513)		(−0.722)
分配破缺		0.407***		0.294***		−0.380***
		(7.262)		(4.972)		(−6.692)
F	1.645	4.543***	1.475	2.541***	1.211	3.980***
R^2	0.066	0.235	0.059	0.146	0.049	0.212
Adj. R^2	0.026	0.183	0.019	0.089	0.009	0.158
ΔR^2		0.171***		0.087***		0.163***
VIF 最大值	4.754	4.813	4.754	4.813	4.754	4.813
D-W	1.967	2.026	1.875	1.942	2.079	1.935

注:(1)括号中为 t 值;(2)系数已标准化;(3) * 表示 $p<0.1$,** 表示 $p<0.05$,*** 表示 $p<0.01$(双尾);(4)截距项未列示。

在表 8.2 中,模型 1 为只包含控制变量的基准模型,模型 3 则加入了联盟破缺机制中一阶破缺变量:满意破缺和信任破缺,机会主义破缺和冲突破缺,绩效破缺和分配破缺六个自变量。由表 8.2 可知:

联盟满意破缺对联盟演化速度、演化幅度两个维度的影响均不显著($\beta = -0.073$,$p > 0.1$;$\beta = -0.025$,$p > 0.1$),而对联盟演化方向维度的负向影响呈边缘显著($\beta = -0.014$,$p < 0.1$),因此,研究假设 H2a 得到部分支持。

联盟信任破缺对联盟演化速度、演化幅度以及演化方向三个维度的影响均不显著($\beta = 0.099$,$p > 0.1$;$\beta = -0.028$,$p > 0.1$;$\beta = 0.051$,$p > 0.10$);因此,研究假设 H2b 得不到支持。

联盟机会主义破缺对联盟演化速度、演化幅度以及演化方向三个维度的影响均不显著($\beta = -0.016$,$p > 0.1$;$\beta = 0.026$,$p > 0.1$;$\beta = 0.051$,$p > 0.10$);因此,研究假设 H2c 得不到支持。

联盟冲突破缺对联盟演化速度、演化幅度以及演化方向三个维度的影响均不显著($\beta = -0.081$,$p > 0.1$;$\beta = -0.042$,$p > 0.1$;$\beta = 0.022$,$p > 0.10$);因此,研究假设 H2d 得不到支持。

联盟绩效破缺对联盟演化速度、演化幅度以及演化方向三个维度的影响均不显著($\beta = 0.066$,$p > 0.1$;$\beta = -0.040$,$p > 0.1$;$\beta = -0.055$,$p > 0.10$);因此,研究假设 H2e 得不到支持。

联盟分配破缺对联盟演化速度有显著的正向影响($\beta = 0.407$,$p < 0.01$),对联盟演化幅度也有显著的正向影响($\beta = 0.294$,$p < 0.01$),而对联盟演化方向有显著的负向影响($\beta = -0.380$,$p < 0.01$);因此,研究假设 H2f 得到支持。

8.2.2 联盟破缺机制的回归分析

关于联盟破缺机制直接作用的假设,即 H3、H4、H5 的回归分析结果如表 8.3 所示。

表 8.3　联盟破缺机制的回归分析结果

因变量模型	行为破缺		收益破缺		心理破缺	
	模型 4-beh	模型 5-beh	模型 6-ben	模型 7-ben	模型 8-psy	模型 9-psy
企业经营年限	−0.056	0.006	−0.026	−0.005	−0.095	−0.087
	(−0.791)	(0.103)	(−0.369)	(−0.080)	(−1.344)	(−1.291)
企业规模	0.147**	0.090	0.047	−0.008	0.087	0.073
	(2.034)	(1.626)	(0.651)	(−0.113)	(1.218)	(1.066)
企业位置	0.010	0.035	0.028	0.025	−0.038	−0.047
	(0.154)	(0.699)	(0.433)	(0.404)	(−0.588)	(−0.759)
企业性质	0.033	−0.065	−0.042	−0.054	0.150**	0.163**
	(0.496)	(−1.259)	(−0.621)	(−0.866)	(2.267)	(2.583)
企业所属行业	−0.100	−0.021	0.011	0.049	−0.121	−0.124
	(−1.092)	(−0.302)	(0.120)	(0.566)	(−1.330)	(−1.437)
伙伴位置	0.045	−0.013	0.034	0.018	0.089	0.078
	(0.683)	(−0.261)	(0.520)	(0.286)	(1.364)	(1.261)
伙伴企业性质	0.035	0.029	−0.026	−0.039	0.009	0.017
	(0.542)	(0.589)	(−0.401)	(−0.648)	(0.142)	(0.280)
伙伴所属行业	0.015	−0.025	0.045	0.039	0.061	0.047
	(0.162)	(−0.364)	(0.496)	(0.469)	(0.680)	(0.552)
股权式联盟	0.047	0.040	0.005	−0.012	0.011	0.009
	(0.387)	(0.430)	(0.043)	(−0.108)	(0.090)	(0.080)
契约式联盟	0.071	0.031	0.107	0.080	0.062	0.029
	(0.532)	(0.300)	(0.795)	(0.642)	(0.468)	(0.231)
多重联盟	0.042	−0.015	0.039	0.023	0.087	0.075
	(0.382)	(−0.180)	(0.355)	(0.229)	(0.803)	(0.727)
心理破缺		0.653***				
		(13.613)				
行为破缺				0.375***		
				(6.431)		
收益破缺						0.307***
						(5.264)
F	0.714	16.564***	0.403	3.874***	1.114	3.436***
R^2	0.030	0.436	0.017	0.153	0.045	0.138
Adj. R^2	−0.012	0.410	−0.025	0.114	0.005	0.098
ΔR^2		0.406***		0.136***		0.093***
VIF 最大值	4.754	4.758	4.754	4.759	4.754	4.766
D-W	1.909	1.964	2.002	2.001	1.943	1.949

　　注:(1)括号中为 t 值;(2)系数已标准化;(3)* 表示 $p<0.1$,** 表示 $p<0.05$,*** 表示 $p<0.01$(双尾);(4)截距项未列示。

　　在表 8.3 的回归分析结果中,模型 4 和 5 的因变量是行为破缺,模型 4 为只包含控制变量的基准模型,模型 5 加入心理破缺自变量;模型 6 和 7 的因变量是收益破缺,模型 6 为只包含控制变量的基准模型,模型 7 加入行为破缺自变量;模型 8 和 9 的因变量是心理破缺,模型 8 为只包含控制变量的基准模型,模型 9 加入收益破缺的自变量。由表 8.3 可知:

联盟心理破缺对联盟行为破缺有显著的正向影响($\beta = 0.653$, $p < 0.01$),因此,研究假设 H3 得到支持。

联盟行为破缺对联盟收益破缺有显著的正向影响($\beta = 0.375$, $p < 0.01$),因此,研究假设 H4 得到支持。

联盟收益破缺对联盟心理破缺有显著的正向影响($\beta = 0.307$, $p < 0.01$),因此,研究假设 H5 得到支持。

1. 联盟"心理—行为"破缺机制的回归分析

关于联盟"心理—行为"破缺机制的直接作用假设,即研究假设 H3a—d 的回归分析结果如表 8.4 所示。

表 8.4　联盟"心理—行为"破缺机制的回归分析结果

因变量模型	机会主义破缺		冲突破缺	
	模型 10-sup	模型 11-sup	模型 10-con	模型 11-con
企业经营年限	−0.012	0.041	−0.082	−0.022
	(−0.169)	(0.696)	(−1.156)	(−0.405)
企业规模	0.112	0.069	0.151**	0.102*
	(1.547)	(1.156)	(2.103)	(1.817)
企业位置	0.044	0.072	−0.018	0.012
	(0.670)	(1.329)	(−0.273)	(0.237)
企业性质	0.072	−0.003	−0.002	−0.089*
	(1.079)	(−0.050)	(−0.036)	(−1.707)
企业所属行业	−0.115	−0.055	−0.073	−0.003
	(−1.259)	(−0.721)	(−0.795)	(−0.036)
伙伴位置	0.014	−0.043	0.062	0.000
	(0.215)	(−0.788)	(0.943)	(−0.010)
伙伴企业性质	0.016	0.008	0.043	0.034
	(0.258)	(0.145)	(0.680)	(0.696)
伙伴所属行业	0.049	0.032	−0.015	−0.038
	(0.548)	(0.434)	(−0.164)	(−0.549)

续表

因变量模型	机会主义破缺		冲突破缺	
	模型 10-sup	模型 11-sup	模型 10-con	模型 11-con
股权式联盟	0.107	0.106	−0.006	−0.009
	(0.871)	(1.044)	(−0.051)	(−0.093)
契约式联盟	0.098	0.085	0.039	0.020
	(0.729)	(0.770)	(0.296)	(0.190)
多重联盟	0.033	0.009	0.042	0.008
	(0.305)	(0.097)	(0.384)	(0.091)
满意破缺		0.158***		0.214***
		(2.906)		(4.190)
信任破缺		0.504***		0.539***
		(9.358)		(10.683)
F	0.683	10.282***	0.839	14.487***
R^2	0.028	0.343	0.035	0.424
Adj. R^2	−0.013	0.310	−0.007	0.395
ΔR^2		0.315***		0.389***
VIF 最大值	4.754	4.783	4.754	4.783
D-W	1.864	1.938	1.986	2.042

注:(1)括号中为 t 值;(2)系数已标准化;(3) * 表示 $p < 0.1$,** 表示 $p < 0.05$,*** 表示 $p < 0.01$(双尾);(4)截距项未列示。

在表 8.4 中,模型 10-sup 和 11-sup 的因变量是行为破缺量表中的机会主义破缺,模型 10-con 和 11-con 的因变量是行为破缺量表中的冲突破缺,模型 10 为只包含控制变量的基准模型,模型 11 加入了心理破缺量表中满意破缺和信任破缺两个自变量。由表 8.4 可知:

联盟满意破缺对联盟机会主义破缺有显著的正向影响($\beta = 0.158$,$p < 0.01$),因此,研究假设 H3a 得到支持。

联盟信任破缺对联盟机会主义破缺有显著的正向影响($\beta = 0.504$,$p < 0.01$),因此,研究假设 H3b 得到支持。

联盟满意破缺对联盟冲突破缺有显著的正向影响($\beta = 0.214$,$p < 0.01$),因此,研究假设 H3c 得到支持。

联盟信任破缺对联盟冲突破缺有显著的正向影响($\beta = 0.539$,$p < 0.01$),

因此,研究假设 H3d 得到支持。

2. 联盟"行为—收益"破缺机制的回归分析

关于联盟"行为—收益"破缺机制的直接作用假设,即研究假设 H4a—d 的回归分析结果如表 8.5 所示。

表 8.5 联盟"行为—收益"破缺机制的回归分析结果

因变量模型	绩效破缺		分配破缺	
	模型 12-exp	模型 13-exp	模型 12-pro	模型 13-pro
企业经营年限	−0.041	0.002	−0.002	−0.005
	(−0.567)	(0.029)	(−0.030)	(−0.073)
企业规模	0.068	−0.027	0.007	0.009
	(0.938)	(−0.460)	(0.099)	(0.122)
企业位置	0.016	0.017	0.022	0.020
	(0.248)	(0.324)	(0.343)	(0.300)
企业性质	0.047	0.035	−0.085	−0.088
	(0.699)	(0.654)	(−1.268)	(−1.308)
企业所属行业	−0.065	−0.008	0.061	0.063
	(−0.705)	(−0.110)	(0.666)	(0.681)
伙伴位置	0.005	−0.028	0.038	0.040
	(0.076)	(−0.533)	(0.575)	(0.604)
伙伴企业性质	−0.008	−0.032	−0.025	−0.024
	(−0.124)	(−0.636)	(−0.395)	(−0.375)
伙伴所属行业	0.038	0.036	0.027	0.024
	(0.414)	(0.498)	(0.297)	(0.264)
股权式联盟	−0.018	−0.035	0.020	0.015
	(−0.145)	(−0.358)	(0.159)	(0.118)
契约式联盟	0.013	−0.025	0.120	0.117
	(0.096)	(−0.232)	(0.895)	(0.872)
多重联盟	0.009	−0.017	0.040	0.041
	(0.085)	(−0.200)	(0.369)	(0.371)
机会主义破缺		0.188***		0.044
		(2.834)		(0.525)
冲突破缺		0.490***		−0.044
		(7.373)		(−0.529)
F	0.185	12.706***	0.604	0.543
R^2	0.008	0.392	0.025	0.026
Adj. R^2	−0.034	0.361	−0.016	−0.023
ΔR^2		0.384***		0.001
VIF 最大值	4.754	4.765	4.754	4.765
D-W	2.146	2.089	2.126	2.119

注:(1)括号中为 t 值;(2)系数已标准化;(3)* 表示 $p<0.1$,** 表示 $p<0.05$,*** 表示 $p<0.01$(双尾);(4)截距项未列示。

在表 8.5 的回归分析结果中,模型 12-exp 和 13-exp 的因变量是收益破缺量表中的绩效破缺,模型 12-pro 和 13-pro 的因变量是收益破缺量表中的分配破缺,模型 12 为只包含控制变量的基准模型,模型 13 加入了行为破缺量表中机会主义破缺和冲突破缺两个自变量。由表 8.5 可知:

联盟机会主义破缺对联盟绩效破缺有显著的正向影响($\beta=0.188$, $p<0.01$),因此,研究假设 H4a 得到支持。

联盟冲突破缺对联盟绩效破缺有显著的正向影响($\beta=0.490$, $p<0.01$),因此,研究假设 H4b 得到支持。

联盟机会主义破缺对联盟分配破缺的影响不显著($\beta=0.044$, $p>0.10$),因此,研究假设 H4c 得不到支持。

联盟冲突破缺对联盟分配破缺的影响不显著($\beta=-0.044$, $p>0.10$),因此,研究假设 H4d 得不到支持。

3. 联盟"收益—心理"破缺机制的回归分析

关于联盟"收益—心理"破缺机制的直接作用假设,即研究假设 H5a—d 的回归分析结果如表 8.6 所示。

表 8.6　联盟"收益—心理"破缺机制的回归分析结果

因变量模型	满意破缺		信任破缺	
	模型 14-sat	模型 15-sat	模型 14-tru	模型 15-tru
企业经营年限	−0.067 (−0.959)	−0.050 (−0.786)	−0.084 (−1.183)	−0.065 (−1.035)
企业规模	0.091 (1.282)	0.062 (0.959)	0.056 (0.774)	0.024 (0.373)
企业位置	0.005 (0.075)	−0.002 (−0.038)	−0.057 (−0.875)	−0.064 (−1.117)
企业性质	0.149** (2.267)	0.128** (2.163)	0.101 (1.525)	0.078 (1.318)
企业所属行业	−0.119 (−1.314)	−0.090 (−1.109)	−0.083 (−0.906)	−0.051 (−0.631)
伙伴位置	0.028 (0.429)	0.026 (0.442)	0.104 (1.593)	0.103* (1.776)

因变量模型	满意破缺		信任破缺	
	模型 14-sat	模型 15-sat	模型 14-tru	模型 15-tru
伙伴企业性质	−0.012 (−0.187)	−0.008 (−0.148)	0.021 (0.333)	0.024 (0.435)
伙伴所属行业	0.124 (1.395)	0.107 (1.347)	−0.005 (−0.059)	−0.022 (−0.283)
股权式联盟	0.031 (0.260)	0.039 (0.362)	−0.008 (−0.062)	0.001 (0.011)
契约式联盟	0.151 (1.142)	0.146 (1.225)	−0.023 (−0.173)	−0.027 (−0.227)
多重联盟	0.176 (1.634)	0.172* (1.777)	−0.007 (−0.061)	−0.010 (−0.107)
绩效破缺		0.436*** (7.958)		0.470*** (8.643)
分配破缺		−0.003 (−0.062)		−0.020 (−0.357)
F	1.278	6.225***	0.755	6.611***
R^2	0.052	0.240	0.031	0.251
Adj. R^2	0.011	0.202	−0.010	0.213
ΔR^2		0.188***		0.220***
VIF 最大值	4.754	4.769	4.754	4.769
D-W	2.029	1.895	1.828	1.807

注：(1)括号中为 t 值；(2)系数已标准化；(3) * 表示 $p < 0.1$，** 表示 $p < 0.05$，*** 表示 $p < 0.01$(双尾)；(4)截距项未列示。

在表 8.6 的回归分析结果中，模型 14-sat 和 15-sat 的因变量是心理破缺量表中的满意破缺，模型 14-tru 和 15-tru 的因变量是心理破缺量表中的信任破缺，模型 14 为只包含控制变量的基准模型，模型 15 加入了收益破缺量表中绩效破缺和分配破缺两个自变量。由表 8.6 可知：

联盟绩效破缺对联盟满意破缺有显著的正向影响（$\beta = 0.436$，$p < 0.01$），因此，研究假设 H5a 得到支持。

联盟分配破缺对联盟满意破缺有显著的正向影响（$\beta = -0.003$，$p > 0.10$），因此，研究假设 H5b 得不到支持。

联盟绩效破缺对联盟信任破缺有显著的正向影响（$\beta = 0.470$，$p < 0.01$），

因此,研究假设 H5c 得到支持。

联盟分配破缺对联盟信任破缺的影响不显著（$\beta=-0.020$, $p>0.10$），因此,研究假设 H5d 得不到支持。

上述基于回归分析的假设检验结果可归纳为不同的路径关系图,联盟演化机制的路径关系如图 8.1 所示,联盟破缺机制的路径关系如图 8.2 所示。

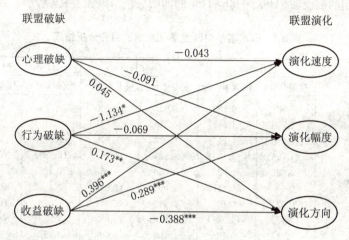

注:＊表示 $p<0.1$，＊＊表示 $p<0.05$，＊＊＊表示 $p<0.01$。

图 8.1 联盟演化机制的回归分析路径关系

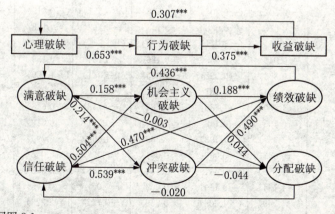

注:同图 8.1。

图 8.2 联盟破缺机制的回归分析路径关系

8.3 关于互补作用的假设检验

8.3.1 联盟破缺之间的互补作用

关于联盟演化机制中联盟破缺机制：心理破缺、行为破缺和收益破缺之间互补作用的假设，即 H6a、H6b、H6c 的回归分析结果如表 8.7 所示。

表 8.7 联盟破缺对联盟演化影响的回归分析结果

因变量模型	演化速度		演化幅度		演化方向	
	模型 2-spe	模型 16-spe	模型 2-ran	模型 16-ran	模型 2-dir	模型 16-dir
企业经营年限	−0.085	−0.102	−0.024	−0.040	0.054	0.053
	(−1.298)	(−1.558)	(−0.355)	(−0.581)	(0.819)	(0.786)
企业规模	0.116*	0.113*	−0.015	−0.010	0.053	0.049
	(1.736)	(1.708)	(−0.214)	(−0.147)	(0.789)	(0.725)
企业位置	0.026	0.028	0.000	0.003	0.028	0.030
	(0.430)	(0.467)	(0.001)	(0.054)	(0.469)	(0.490)
企业性质	0.071	0.100	0.110*	0.124*	0.078	0.093
	(1.152)	(1.580)	(1.713)	(1.882)	(1.239)	(1.456)
企业所属行业	0.117	0.125	0.190**	0.198**	0.087	0.094
	(1.393)	(1.488)	(2.176)	(2.262)	(1.020)	(1.095)
伙伴位置	0.060	0.061	0.119*	0.125**	−0.011	−0.017
	(0.991)	(1.011)	(1.909)	(2.000)	(−0.179)	(−0.285)
伙伴企业性质	−0.018	−0.012	0.036	0.034	−0.036	−0.028
	(−0.302)	(−0.202)	(0.598)	(0.551)	(−0.615)	(−0.466)
伙伴所属行业	−0.078	−0.088	−0.148*	−0.162*	−0.128	−0.134
	(−0.951)	(−1.071)	(−1.729)	(−1.881)	(−1.537)	(−1.601)
股权式联盟	0.040	0.033	−0.126	−0.124	−0.139	−0.153
	(0.353)	(0.292)	(−1.085)	(−1.061)	(−1.229)	(−1.340)
契约式联盟	0.181	0.181	−0.101	−0.095	−0.080	−0.081
	(1.480)	(1.485)	(−0.789)	(−0.748)	(−0.648)	(−0.655)
多重联盟	0.155	0.148	−0.144	−0.151	−0.010	−0.011
	(1.557)	(1.493)	(−1.386)	(−1.460)	(−0.095)	(−0.112)
心理破缺	−0.043	−0.050	−0.091	−0.097	0.045	0.045
	(−0.565)	(−0.661)	(−1.154)	(−1.226)	(0.593)	(0.591)
行为破缺	−1.134*	−0.140*	−0.069	−0.057	0.173**	0.160**
	(−1.749)	(−1.808)	(−0.859)	(−0.712)	(2.223)	(2.029)
收益破缺	0.396***	0.423***	0.289***	0.312***	−0.388***	−0.385***
	(6.464)	(6.721)	(4.538)	(4.750)	(−6.255)	(−6.018)

续表

因变量模型	演化速度		演化幅度		演化方向	
	模型 2-spe	模型 16-spe	模型 2-ran	模型 16-ran	模型 2-dir	模型 16-dir
心理破缺×行为破缺		0.063 (0.919)		−0.034 (−0.481)		0.060 (0.866)
行为破缺×收益破缺		0.006 (0.066)		−0.040 (−0.447)		0.094 (1.082)
心理破缺×收益破缺		−0.159* (−1.762)		−0.073 (−0.773)		−0.138 (−1.499)
F	4.476***	4.026***	2.754***	2.535***	3.952***	3.393***
R^2	0.197	0.214	0.131	0.146	0.178	0.186
Adj. R^2	0.153	0.161	0.084	0.088	0.133	0.131
ΔR^2		0.017		0.015		0.008
VIF 最大值	4.767	4.775	4.767	4.775	4.767	4.775
D-W	1.99	1.971	1.919	1.912	1.944	1.939

注:(1)括号中为 t 值;(2)系数已标准化;(3)* 表示 $p<0.1$,** 表示 $p<0.05$,*** 表示 $p<0.01$(双尾);(4)截距项未列示。

在表 8.7 回归分析的结果中,模型 2 为只包含控制变量的基准模型,模型 16 则加入了联盟破缺机制中的心理破缺×行为破缺、行为破缺×收益破缺、收益破缺×心理破缺三个交互项自变量。由表 8.7 可知:

联盟心理破缺和行为破缺的交互项对联盟演化速度、演化幅度和演化方向的影响均不显著($\beta=0.063$,$p>0.1$;$\beta=-0.034$,$p>0.1$;$\beta=0.060$,$p>0.1$);因此,研究假设 H6a 得不到支持。

联盟行为破缺和收益破缺的交互项对联盟演化速度、演化幅度和演化方向的影响均不显著($\beta=0.006$,$p>0.1$;$\beta=-0.040$,$p>0.1$;$\beta=0.094$,$p>0.1$);因此,研究假设 H6b 得不到支持。

联盟心理破缺和收益破缺的交互项对联盟演化速度的负向影响呈边缘显著($\beta=-0.159$,$p<0.1$),对联盟演化幅度和演化方向均不显著($\beta=-0.073$,$p>0.1$;$\beta=-0.138$,$p>0.1$);因此,研究假设 H6c 得到部分支持。

8.3.2　心理破缺之间的互补作用

关于联盟演化中两类心理破缺(满意破缺和信任破缺)之间互补作用的假

设,即 H7a 和 H7b 的回归分析结果如表 8.8 所示。

表 8.8　联盟心理破缺互补作用的回归分析结果

因变量模型	机会主义破缺		冲突破缺	
	模型 11-sup	模型 17-sup	模型 11-con	模型 17-con
企业经营年限	0.041	0.041	−0.022	−0.023
	(0.696)	(0.695)	(−0.405)	(−0.408)
企业规模	0.069	0.072	0.102*	0.092
	(1.156)	(1.185)	(1.817)	(1.633)
企业位置	0.072	0.072	0.012	0.008
	(1.329)	(1.341)	(0.237)	(0.168)
企业性质	−0.003	−0.004	−0.089*	−0.083
	(−0.050)	(−0.077)	(−1.707)	(−1.593)
企业所属行业	−0.055	−0.054	−0.003	−0.006
	(−0.721)	(−0.709)	(−0.036)	(−0.078)
伙伴位置	−0.043	−0.043	0.000	0.001
	(−0.788)	(−0.793)	(−0.010)	(0.017)
伙伴企业性质	0.008	0.007	0.034	0.036
	(0.145)	(0.139)	(0.696)	(0.724)
伙伴所属行业	0.032	0.031	−0.038	−0.032
	(0.434)	(0.412)	(−0.549)	(−0.465)
股权式联盟	0.106	0.104	−0.009	−0.001
	(1.044)	(1.020)	(−0.093)	(−0.011)
契约式联盟	0.085	0.085	0.020	0.021
	(0.770)	(0.764)	(0.190)	(0.207)
多重联盟	0.009	0.006	0.008	0.017
	(0.097)	(0.070)	(0.091)	(0.199)
满意破缺	0.158***	0.158***	0.214***	0.215***
	(2.906)	(2.895)	(4.190)	(4.218)
信任破缺	0.504***	0.505***	0.539***	0.536***
	(9.358)	(9.345)	(10.683)	(10.623)
满意破缺×信任破缺		−0.016		0.062
		(−0.308)		(1.267)
F	10.282***	9.520***	14.487***	13.598***
R^2	0.343	0.343	0.424	0.427
Adj. R^2	0.310	0.307	0.395	0.396
ΔR^2		0.000		0.003
VIF 最大值	4.783	4.784	4.783	4.784
D-W	1.938	1.929	2.042	2.084

　　注:(1)括号中为 t 值;(2)系数已标准化;(3) * 表示 $p < 0.1$,** 表示 $p < 0.05$,*** 表示 $p < 0.01$(双尾);(4)截距项未列示。

在表 8.8 所示的回归分析结果中,模型 11-sup 和 17-sup 的因变量是行为破缺量表中的机会主义破缺,模型 11-con 和 17-con 的因变量是行为破缺量表中的冲突破缺,模型 11 为只包含控制变量和主效应的基准模型,模型 17 加入了心理破缺量表中满意破缺和信任破缺的交互项变量。由表 8.8 可知:

联盟满意破缺和信任破缺的交互项对联盟机会主义破缺的影响不显著 ($\beta=-0.016$, $p>0.10$),因此,研究假设 H7a 得不到支持。

联盟满意破缺和信任破缺的交互项对联盟冲突破缺的影响不显著 ($\beta=0.062$, $p>0.10$),因此,研究假设 H7b 得不到支持。

8.3.3 行为破缺之间的互补作用

关于联盟演化中两类行为破缺(机会主义破缺和冲突破缺)之间互补作用的假设,即 H8a 和 H8b 的回归分析结果如表 8.9 所示。

表 8.9 联盟行为破缺互补作用的回归分析结果

因变量模型	绩效破缺		分配破缺	
	模型 13-exp	模型 18-exp	模型 13-pro	模型 18-pro
企业经营年限	0.002	0.004	−0.005	−0.004
	(0.029)	(0.067)	(−0.073)	(−0.060)
企业规模	−0.027	−0.028	0.009	0.008
	(−0.460)	(−0.486)	(0.122)	(0.112)
企业位置	0.017	0.018	0.020	0.020
	(0.324)	(0.343)	(0.300)	(0.306)
企业性质	0.035	0.033	−0.088	−0.089
	(0.654)	(0.620)	(−1.308)	(−1.312)
企业所属行业	−0.008	−0.010	0.063	0.062
	(−0.110)	(−0.140)	(0.681)	(0.668)
伙伴位置	−0.028	−0.029	0.040	0.039
	(−0.533)	(−0.552)	(0.604)	(0.596)
伙伴企业性质	−0.032	−0.031	−0.024	−0.023
	(−0.636)	(−0.602)	(−0.375)	(−0.362)
伙伴所属行业	0.036	0.041	0.024	0.026
	(0.498)	(0.559)	(0.264)	(0.284)

续表

因变量模型	绩效破缺		分配破缺	
	模型 13-exp	模型 18-exp	模型 13-pro	模型 18-pro
股权式联盟	−0.035 (−0.358)	−0.037 (−0.381)	0.015 (0.118)	0.014 (0.109)
契约式联盟	−0.025 (−0.232)	−0.027 (−0.255)	0.117 (0.872)	0.116 (0.861)
多重联盟	−0.017 (−0.200)	−0.017 (−0.201)	0.041 (0.371)	0.041 (0.370)
机会主义破缺	0.188*** (2.834)	0.195*** (2.846)	0.044 (0.525)	0.047 (0.543)
冲突破缺	0.490*** (7.373)	0.481*** (6.885)	−0.044 (−0.529)	−0.048 (−0.546)
机会主义破缺×冲突破缺		0.022 (0.416)		0.010 (0.142)
F	12.706***	11.772***	0.543	0.495
R^2	0.392	0.393	0.026	0.026
Adj. R^2	0.361	0.359	−0.023	−0.027
ΔR^2		0.001		0.000
VIF 最大值	4.765	4.780	4.765	4.780
D-W	2.089	2.091	2.119	2.119

注:(1)括号中为 t 值;(2)系数已标准化;(3) * 表示 $p < 0.1$, ** 表示 $p < 0.05$, *** 表示 $p < 0.01$(双尾);(4)截距项未列示。

在表 8.9 所示的回归分析结果中,模型 13-exp 和 18-exp 的因变量是收益破缺量表中的绩效破缺,模型 13-pro 和 18-pro 的因变量是收益破缺量表中的分配破缺,模型 13 为只包含控制变量和主效应的基准模型,模型 18 加入了行为破缺量表中机会主义破缺和冲突破缺交互项变量。由表 8.9 可知:

联盟机会主义破缺和冲突破缺的交互项对联盟绩效破缺的影响不显著($\beta = 0.022$,$p > 0.10$),因此,研究假设 H8a 得不到支持。

联盟机会主义破缺和冲突破缺的交互项对联盟分配破缺的影响不显著($\beta = 0.010$,$p > 0.10$),因此,研究假设 H8b 得不到支持。

8.3.4 收益破缺之间的互补作用

关于联盟演化中两类收益破缺(绩效破缺和分配破缺)之间互补作用的假设,即 H9a 和 H9b 的回归分析结果如表 8.10 所示。

表 8.10　联盟收益破缺互补作用的回归分析结果

因变量模型	满意破缺		信任破缺	
	模型 15-sat	模型 19-sat	模型 15-tru	模型 19-tru
企业经营年限	−0.050	−0.047	−0.065	−0.066
	(−0.786)	(−0.742)	(−1.035)	(−1.043)
企业规模	0.062	0.058	0.024	0.024
	(0.959)	(0.911)	(0.373)	(0.383)
企业位置	−0.002	0.006	−0.064	−0.066
	(−0.038)	(0.097)	(−1.117)	(−1.139)
企业性质	0.128**	0.120**	0.078	0.080
	(2.163)	(2.018)	(1.318)	(1.339)
企业所属行业	−0.090	−0.086	−0.051	−0.052
	(−1.109)	(−1.059)	(−0.631)	(−0.641)
伙伴位置	0.026	0.019	0.103*	0.104*
	(0.442)	(0.326)	(1.776)	(1.792)
伙伴企业性质	−0.008	−0.003	0.024	0.023
	(−0.148)	(−0.052)	(0.435)	(0.412)
伙伴所属行业	0.107	0.106	−0.022	−0.022
	(1.347)	(1.325)	(−0.283)	(−0.278)
股权式联盟	0.039	0.032	0.001	0.003
	(0.362)	(0.293)	(0.011)	(0.026)
契约式联盟	0.146	0.141	−0.027	−0.026
	(1.225)	(1.185)	(−0.227)	(−0.218)
多重联盟	0.172*	0.170*	−0.010	−0.010
	(1.777)	(1.761)	(−0.107)	(−0.102)
绩效破缺	0.436***	0.432***	0.470***	0.471***
	(7.958)	(7.890)	(8.643)	(8.631)
分配破缺	−0.003	−0.011	−0.020	−0.018
	(−0.062)	(−0.205)	(−0.357)	(−0.324)
绩效破缺×分配破缺		0.077		−0.017
		(1.393)		(−0.304)
F	6.225***	5.940***	6.611***	6.124***
R^2	0.240	0.246	0.251	0.252
Adj. R^2	0.202	0.205	0.213	0.211
ΔR^2		0.006		0.001
VIF 最大值	4.769	4.773	4.769	4.773
D-W	1.895	1.908	1.807	1.803

　　注：(1)括号中为 t 值；(2)系数已标准化；(3) * 表示 $p<0.1$，** 表示 $p<0.05$，*** 表示 $p<0.01$(双尾)；(4)截距项未列示。

　　在表 8.10 所示的回归分析结果中，模型 15-sat 和 19-sat 的因变量是心理破缺量表中的满意破缺，模型 15-tru 和 19-tru 的因变量是心理破缺量表中的信任破缺，模型 15 为只包含控制变量和主效应的基准模型，模型 19 加入了收益破缺量表中绩效破缺和分配破缺交互项变量。由表 8.10 可知：

联盟绩效破缺和分配破缺的交互项对联盟满意破缺的影响不显著（$\beta = 0.077$，$p > 0.10$），因此，研究假设 H9a 得不到支持。

联盟绩效破缺和分配破缺的交互项对联盟信任破缺的影响不显著（$\beta = -0.017$，$p > 0.10$），因此，研究假设 H9b 得不到支持。

8.4　关于调节作用的假设检验

联盟破缺与联盟演化关系的调节作用检验涉及多个交叉项，尽管采用了居中化处理，但同时引入多个交叉项还是会造成比较严重的多重共线性问题，从而影响估计。因此，我们逐一对每类联盟破缺要素的调节作用进行检验，这样可以每次只引入两个交叉项。这种做法在涉及较多调节效应或变量间多重共线性问题比较严重时是允许的（Ray et al.，2005；刘小禹等，2008）。

8.4.1　对收益破缺与联盟演化关系的调节作用

1. 联盟心理破缺的调节作用

关于联盟心理破缺在收益破缺对联盟演化影响调节作用的假设，即假设 H10a、H10b 的回归分析结果如表 8.11 所示。

表 8.11　联盟心理破缺调节作用的回归分析

因变量模型	演化速度		演化幅度		演化方向	
	模型 20-spe	模型 21-spe	模型 20-ran	模型 21-ran	模型 20-dir	模型 21-dir
企业经营年限	−0.085 (−1.305)	−0.087 (−1.343)	−0.024 (−0.359)	−0.031 (−0.451)	0.055 (0.837)	0.052 (0.777)
企业规模	0.108 (1.624)	0.100 (1.528)	−0.020 (−0.296)	−0.025 (−0.360)	0.073 (1.096)	0.730 (1.090)
企业位置	0.026 (0.440)	0.027 (0.459)	−0.002 (−0.025)	0.000 (0.001)	0.039 (0.649)	0.040 (0.659)
企业性质	0.084 (1.350)	0.108* (1.748)	0.114* (1.768)	0.136** (2.102)	0.078 (1.241)	0.083 (1.313)

续表

因变量模型	演化速度		演化幅度		演化方向	
	模型 20-spe	模型 21-spe	模型 20-ran	模型 21-ran	模型 20-dir	模型 21-dir
企业所属行业	0.117 (1.387)	0.154* (1.840)	0.192** (2.193)	0.219** (2.495)	0.075 (0.884)	0.080 (0.925)
伙伴位置	0.056 (0.938)	0.064 (1.073)	0.120* (1.914)	0.125** (2.017)	−0.021 (−0.338)	−0.020 (−0.320)
伙伴企业性质	−0.025 (−0.421)	−0.020 (−0.342)	0.034 (0.556)	0.038 (0.622)	−0.034 (−0.575)	−0.033 (−0.562)
伙伴所属行业	−0.063 (−0.768)	−0.106 (−1.287)	−0.145* (−1.689)	−0.177** (−2.054)	−0.117 (−1.409)	−0.123 (−1.457)
股权式联盟	0.037 (0.334)	0.016 (0.146)	−0.129 (−1.105)	−0.144 (−1.238)	−0.128 (−1.129)	−0.130 (−1.141)
契约式联盟	0.194 (1.575)	0.177 (1.461)	−0.100 (−0.785)	−0.110 (−0.863)	−0.057 (−0.463)	−0.058 (−0.463)
多重联盟	0.173* (1.725)	0.139 (1.405)	−0.142 (−1.357)	−0.166 (−1.590)	0.010 (0.094)	0.006 (0.055)
收益破缺	0.374*** (6.275)	0.395*** (6.630)	0.277*** (4.456)	0.298*** (4.758)	−0.350*** (−5.816)	−0.344*** (−5.605)
满意破缺	−0.149** (−2.426)	−0.153** (−2.526)	−0.074 (−1.164)	−0.077 (−1.213)	−0.046 (−0.744)	−0.047 (−0.748)
信任破缺	−0.018 (−0.288)	−0.013 (−0.215)	−0.089 (−1.399)	−0.087 (−1.377)	0.206*** (3.345)	0.205*** (3.324)
满意破缺×收益破缺		−0.201** (−3.144)		−0.150** (−2.227)		−0.026 (−0.399)
信任破缺×收益破缺		0.039 (0.619)		−0.003 (−0.039)		−0.015 (−0.224)
F	4.437***	4.678***	2.694***	2.788***	3.985***	3.487***
R^2	0.196	0.228	0.129	0.150	0.180	0.181
Adj. R^2	0.152	0.179	0.081	0.096	0.134	0.129
ΔR^2		0.032		0.021		0.001
VIF 最大值	4.791	4.815	4.791	4.815	4.791	4.815
D-W	1.980	1.980	1.920	1.902	1.933	1.930

注：(1)括号中为 t 值；(2)系数已标准化；(3) * 表示 $p<0.1$，** 表示 $p<0.05$，*** 表示 $p<0.01$(双尾)；(4)截距项未列示。

在表 8.11 所示的回归分析结果中，模型 20-spe 和 21-spe 的因变量是联盟演化速度，模型 20-ran 和 21-ran 的因变量是联盟演化幅度，模型 20-dir 和 21-dir 的因变量是联盟演化方向，模型 20 为只包含控制变量和主效应的基准模型，模型 21 加入了联盟心理破缺中满意破缺和收益破缺交互项，信任破缺和收益破缺交互项两个变量。由表 8.11 可知：

联盟满意破缺和收益破缺的交互项对联盟演化速度和演化幅度有显著影响（$\beta=-0.201$，$p<0.05$；$\beta=-0.150$，$p<0.05$），而对联盟演化方向的影响

不显著($\beta=-0.026$，$p>0.10$）；因此，研究假设 H10a 仅得到部分支持。

联盟信任破缺和收益破缺的交互项对联盟演化速度、演化幅度和演化方向的影响均不显著（$\beta=0.039$，$p>0.10$；$\beta=-0.003$，$p>0.10$；$\beta=-0.015$，$p>0.10$），因此，研究假设 H10b 得不到支持。

按照通常的做法，以低于均值 1 个标准差的取值为"低"，高于均值 1 个标准差的取值为"高"。图中主要呈现趋势，为便于绘制，纵横坐标所采用的单位不同（刘军，2008）。以下关于调节作用的图示均按同样方法绘制。心理破缺显著及边缘显著的调节作用如图 8.3 和图 8.4 所示。

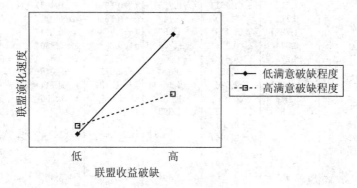

图 8.3　满意破缺对收益破缺与联盟演化速度关系的调节作用

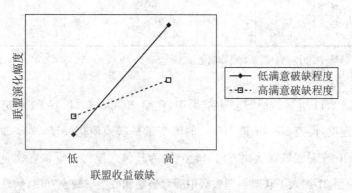

图 8.4　满意破缺对收益破缺与联盟演化幅度关系的调节作用

2. 联盟行为破缺的调节作用

关于联盟心理破缺在收益破缺对联盟演化影响调节作用的假设，即假设

H10c、H10d 的回归分析结果如表 8.12 所示。

表 8.12　联盟行为破缺调节作用的回归分析

因变量模型	演化速度		演化幅度		演化方向	
	模型 22-spe	模型 23-spe	模型 22 ran	模型 23-ran	模型 22-dir	模型 23-dir
企业经营年限	−0.086 (−1.313)	−0.097 (−1.479)	−0.022 (−0.328)	−0.037 (−0.540)	0.051 (0.777)	0.053 (0.798)
企业规模	0.118 * (1.765)	0.116 * (1.749)	−0.012 (−0.180)	−0.015 (−0.211)	0.053 (0.784)	0.052 (0.762)
企业位置	0.025 (0.411)	0.024 (0.404)	0.001 (0.016)	0.000 (0.005)	0.026 (0.432)	0.025 (0.410)
企业性质	0.062 (1.009)	0.067 (1.099)	0.094 (1.476)	0.101 (1.593)	0.084 (1.346)	0.080 (1.283)
企业所属行业	0.122 (1.453)	0.120 (1.437)	0.198 ** (2.265)	0.196 ** (2.258)	0.084 (0.989)	0.084 (0.983)
伙伴位置	0.059 (0.989)	0.061 (1.024)	0.116 * (1.862)	0.119 * (1.915)	−0.008 (−0.135)	−0.011 (−0.175)
伙伴企业性质	−0.016 (−0.272)	−0.024 (−0.420)	0.039 (0.634)	0.027 (0.453)	−0.037 (−0.622)	−0.038 (−0.642)
伙伴所属行业	−0.084 (−1.016)	−0.081 (−0.992)	−0.156 * (−1.816)	−0.153 * (−1.797)	−0.126 (−1.510)	−0.125 (−1.492)
股权式联盟	0.035 (0.308)	0.043 (0.384)	−0.131 (−1.118)	−0.120 (−1.033)	−0.140 (−1.234)	−0.142 (−1.245)
契约式联盟	0.178 (1.451)	0.182 (1.493)	−0.105 (−0.820)	−0.099 (−0.782)	−0.080 (−0.644)	−0.079 (−0.636)
多重联盟	0.153 (1.537)	0.140 (1.412)	−0.149 (−1.433)	−0.165 (−1.606)	−0.077 (−0.069)	−0.010 (−0.095)
收益破缺	0.394 *** (6.459)	0.422 *** (6.752)	0.283 *** (4.455)	0.320 *** (4.934)	−0.384 *** (−6.220)	−0.383 *** (−6.008)
机会主义破缺	−0.026 (−0.333)	−0.054 (−0.696)	−0.006 (−0.079)	−0.044 (−0.538)	0.098 (1.255)	0.097 (1.225)
冲突破缺	−0.149 (−1.903)	−0.102 (−1.266)	−0.128 (−1.571)	−0.068 (−0.809)	0.122 (1.546)	0.128 (1.545)
机会主义破缺× 收益破缺		0.083 (1.104)		0.109 (1.394)		0.055 (0.712)
冲突破缺×收益 破缺		−0.166 ** (−2.064)		−0.216 *** (−2.588)		−0.034 (−0.419)
F	4.495 ***	4.241 ***	2.687 ***	2.822 ***	3.922 ***	3.443 ***
R^2	0.198	0.211	0.129	0.151	0.177	0.179
Adj. R^2	0.154	0.162	0.081	0.098	0.132	0.127
ΔR^2		0.003		0.022		0.002
VIF 最大值	4.773	4.774	4.773	4.774	4.773	4.774
D-W	1.999	2.037	1.944	1.963	1.952	1.973

注：(1)括号中为 t 值；(2)系数已标准化；(3) * 表示 $p < 0.1$，** 表示 $p < 0.05$，*** 表示 $p < 0.01$（双尾）；(4)截距项未列示。

在表 8.12 所示的回归分析结果中，模型 22-spe 和 23-spe 的因变量是联盟演化速度，模型 22-ran 和 23-ran 的因变量是联盟演化幅度，模型 22-dir 和

23-dir的因变量是联盟演化方向,模型 22 为只包含控制变量和主效应的基准模型,模型 23 加入了联盟行为破缺中机会主义破缺和收益破缺交互项,冲突破缺和收益破缺交互项两个变量。由表 8.12 可知:

联盟机会主义破缺和收益破缺的交互项对联盟演化速度、演化幅度和演化方向的影响均不显著($\beta=0.083$,$p > 0.10$;$\beta=0.109$,$p > 0.10$;$\beta=0.055$,$p > 0.10$),因此,研究假设 H10c 得不到支持。

联盟冲突破缺和收益破缺的交互项对联盟演化速度和演化幅度有显著影响($\beta=-0.166$,$p < 0.05$;$\beta=-0.216$,$p < 0.01$),而对联盟演化方向的影响不显著($\beta=-0.034$,$p > 0.10$);因此,研究假设 H10d 仅得到部分支持。

同样,冲突破缺显著及边缘显著的调节作用如图 8.5 和图 8.6 所示。

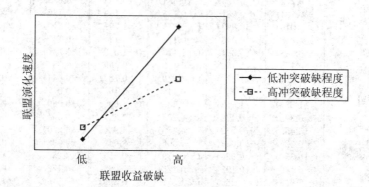

图 8.5　冲突破缺对收益破缺与联盟演化速度关系的调节作用

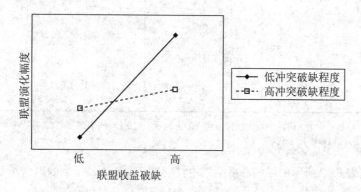

图 8.6　冲突破缺对收益破缺与联盟演化幅度关系的调节作用

8.4.2 对心理破缺与联盟演化关系的调节作用

1. 联盟行为破缺的调节作用

关于联盟行为破缺对联盟心理破缺与联盟演化关系调节作用的假设,即假设 H11a、H11b 的回归分析结果如表 8.13 所示。

表 8.13 行为破缺对心理破缺调节作用的回归分析

因变量模型	演化速度		演化幅度		演化方向	
	模型 24-spe	模型 25-spe	模型 24-ran	模型 25-ran	模型 24-dir	模型 25-dir
企业经营年限	−0.087 (−1.226)	−0.089 (−1.255)	−0.026 (−0.369)	−0.028 (−0.391)	0.053 (0.739)	0.049 (0.686)
企业规模	0.114 (1.590)	0.121 (1.677)	−0.015 (−0.214)	−0.006 (−0.086)	0.056 (0.776)	0.066 (0.907)
企业位置	0.035 (0.548)	0.037 (0.565)	0.006 (0.099)	0.011 (0.170)	0.016 (0.245)	0.016 (0.241)
企业性质	0.040 (0.601)	0.031 (0.458)	0.087 (1.291)	0.078 (1.158)	0.104 (1.538)	0.089 (1.308)
企业所属行业	0.141 (1.557)	0.129 (1.410)	0.209 ** (2.294)	0.206 ** (2.246)	0.066 (0.721)	0.041 (0.448)
伙伴位置	0.065 (1.005)	0.070 (1.079)	0.124 * (1.906)	0.128 * (1.969)	−0.014 (−0.219)	−0.006 (−0.090)
伙伴企业性质	−0.031 (−0.497)	−0.037 (−0.578)	0.027 (0.423)	0.018 (0.289)	−0.022 (−0.342)	−0.028 (−0.442)
伙伴所属行业	−0.068 (−0.764)	−0.058 (−0.643)	−0.141 (−1.586)	−0.145 (−1.608)	−0.142 (−1.582)	−0.117 (−1.299)
股权式联盟	0.031 (0.257)	0.035 (0.284)	−0.134 (−1.104)	−0.127 (−1.042)	−0.137 (−1.122)	−0.134 (−1.103)
契约式联盟	0.210 (1.590)	0.211 (1.594)	−0.080 (−0.607)	−0.072 (−0.544)	−0.111 (−0.838)	−0.114 (−0.861)
多重联盟	0.162 (1.504)	0.167 (1.550)	−0.139 (−1.291)	−0.139 (−1.286)	−0.016 (−0.145)	−0.004 (−0.033)
心理破缺	0.009 (0.114)	0.021 (0.254)	−0.052 (−0.637)	−0.046 (−0.561)	−0.002 (−0.021)	0.020 (0.245)
机会主义破缺	0.031 (0.369)	0.040 (0.470)	0.049 (0.575)	0.040 (0.467)	0.040 (0.475)	0.067 (0.771)
冲突破缺	−0.051 (−0.560)	−0.045 (−0.485)	−0.031 (−0.338)	0.000 (0.000)	0.024 (0.258)	0.015 (0.162)
机会主义破缺×心理破缺		0.112 (0.975)		0.030 (0.260)		0.229 ** (1.987)
冲突破缺×心理破缺		−0.124 (−1.053)		−0.118 (−1.007)		−0.196 * (−1.664)
F	1.303	1.208	1.209	1.191	1.006	1.134
R^2	0.067	0.071	0.062	0.070	0.052	0.067
Adj. R^2	0.016	0.012	0.011	0.011	0.000	0.008
ΔR^2		0.004		0.008		0.015
VIF 最大值	4.766	4.776	4.766	4.776	4.766	4.776
$D\text{-}W$	1.962	1.986	1.860	1.870	2.094	2.083

注:(1)括号中为 t 值;(2)系数已标准化;(3) * 表示 $p < 0.1$,** 表示 $p < 0.05$,*** 表示 $p < 0.01$(双尾);(4)截距项未列示。

在表 8.13 所示回归分析结果中,模型 24-spe 和 25-spe 的因变量是联盟演化速度,模型 24-ran 和 25-ran 的因变量是联盟演化幅度,模型 24-dir 和 25-dir 的因变量是联盟演化方向,模型 24 为只包含控制变量和主效应的基准模型,模型 25 加入了联盟行为破缺中机会主义破缺和心理破缺的交互项,冲突破缺和心理破缺交互项两个变量。由表 8.13 可知:

联盟机会主义破缺和心理破缺的交互项对联盟演化速度和演化幅度均无显著影响($\beta=0.112$,$p>0.10$;$\beta=0.030$,$p>0.10$),而对联盟演化方向的影响显著($\beta=0.229$,$p<0.05$);因此,研究假设 H11a 仅得到部分支持。

联盟冲突破缺和心理破缺的交互项对联盟演化速度、演化幅度的影响均不显著($\beta=-0.124$,$p>0.10$;$\beta=-0.118$,$p>0.10$),而对联盟演化方向的影响边缘显著 $\beta=-0.196$,$p<0.10$),因此,研究假设 H11b 仅得到部分支持。

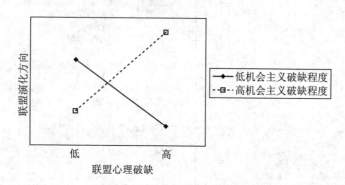

图 8.7　机会主义破缺对心理破缺与联盟演化方向关系的调节作用

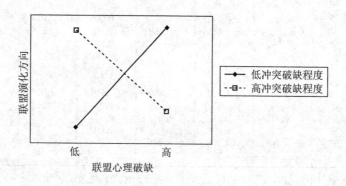

图 8.8　冲突破缺对心理破缺与联盟演化方向关系的调节作用

同样,机会主义破缺和冲突破缺显著及边缘显著的调节作用可表示为图 8.7 和图 8.8。

2. 联盟收益破缺的调节作用

关于联盟收益破缺对联盟心理破缺与联盟演化关系调节作用的假设,即假设 H11c、H11d 的回归分析结果如表 8.14 所示。

表 8.14　收益破缺对心理破缺调节作用的回归分析

因变量模型	演化速度		演化幅度		演化方向	
	模型 26-spe	模型 27-spe	模型 26-ran	模型 27-ran	模型 26-dir	模型 27-dir
企业经营年限	−0.082	−0.096	−0.022	−0.034	0.052	0.039
	(−1.276)	(−1.492)	(−0.328)	(−0.507)	(0.791)	(0.597)
企业规模	0.106	0.106	−0.019	−0.017	0.066	0.063
	(1.633)	(1.627)	(−0.279)	(−0.246)	(0.990)	(0.949)
企业位置	0.028	0.026	0.002	0.005	0.028	0.024
	(0.471)	(0.451)	(0.032)	(0.081)	(0.468)	(0.394)
企业性质	0.077	0.098	0.113*	0.128**	0.070	0.092
	(1.273)	(1.599)	(1.777)	(1.975)	(1.123)	(1.457)
企业所属行业	0.117	0.120	0.190**	0.198**	0.085	0.084
	(1.414)	(1.457)	(2.185)	(2.282)	(1.011)	(0.995)
伙伴位置	0.048	0.052	0.111*	0.115*	−0.002	0.001
	(0.814)	(0.874)	(1.792)	(1.846)	(−0.028)	(0.017)
伙伴企业性质	−0.022	−0.015	0.034	0.034	−0.030	−0.018
	(−0.391)	(−0.253)	(0.562)	(0.559)	(−0.517)	(−0.300)
伙伴所属行业	−0.077	−0.085	−0.147*	−0.160*	−0.131	−0.135
	(−0.947)	(−1.054)	(−1.739)	(−1.878)	(−1.586)	(−1.633)
股权式联盟	0.027	0.028	−0.134	−0.136	−0.126	−0.125
	(0.250)	(0.251)	(−1.158)	(−1.177)	(−1.124)	(−1.113)
契约式联盟	0.163	0.168	−0.113	−0.108	−0.063	−0.060
	(1.352)	(1.394)	(−0.891)	(−0.855)	(−0.515)	(−0.489)
多重联盟	0.145	0.146	−0.151	−0.157	−0.002	0.004
	(1.479)	(1.486)	(−1.468)	(−1.525)	(−0.016)	(0.042)
心理破缺	−0.003	−0.015	−0.050	−0.063	0.042	0.033
	(−0.041)	(−0.218)	(−0.693)	(−0.863)	(0.602)	(0.470)
绩效破缺	0.026	0.045	0.032	0.062	−0.040	−0.034
	(0.386)	(0.644)	(0.454)	(0.842)	(−0.579)	(−0.485)
分配破缺	0.403***	0.409***	0.294***	0.302***	−0.379***	−0.375***
	(7.205)	(7.315)	(5.013)	(5.131)	(−6.633)	(−6.580)

因变量模型	演化速度		演化幅度		演化方向	
	模型 26-spe	模型 27-spe	模型 26-ran	模型 27-ran	模型 26-dir	模型 27-dir
绩效破缺×心理破缺		−0.018		−0.074		0.034
		(−0.304)		(−1.208)		(0.570)
分配破缺×心理破缺		−0.104*		−0.060		−0.117**
		(−1.815)		(−1.000)		(−2.004)
F	5.250***	4.844***	3.103***	2.896***	4.285***	4.040***
R^2	0.224	0.235	0.146	0.155	0.190	0.203
Adj. R^2	0.181	0.186	0.099	0.101	0.146	0.153
ΔR^2		0.011		0.009		0.013
VIF 最大值	4.774	4.777	4.774	4.777	4.774	4.777
$D\text{-}W$	2.020	2.003	1.939	1.933	1.920	1.915

注：(1)括号中为 t 值；(2)系数已标准化；(3)* 表示 $p<0.1$，** 表示 $p<0.05$，*** 表示 $p<0.01$(双尾)；(4)截距项未列示。

在表 8.14 所示回归分析结果中，模型 26-spe 和 27-spe 的因变量是联盟演化速度，模型 26-ran 和 27-ran 的因变量是联盟演化幅度，模型 26-dir 和 27-dir 的因变量是联盟演化方向，模型 26 为只包含控制变量和主效应的基准模型，模型 27 加入了联盟行为破缺中绩效破缺和心理破缺的交互项，分配破缺和心理破缺交互项两个变量。由表 8.14 结果可知：

联盟绩效破缺和心理破缺的交互项对联盟演化速度、演化幅度和演化方向均无显著影响（$\beta=-0.018$，$p>0.10$；$\beta=-0.074$，$p>0.10$；$\beta=0.034$，$p>0.10$）；因此，研究假设 H11c 得不到支持。

联盟分配破缺和心理破缺的交互项对演化幅度的影响不显著（$\beta=-0.060$，$p>0.10$），而对联盟演化速度的影响边缘显著（$\beta=-0.104$，$p<0.10$），对联盟演化方向有显著影响（$\beta=-0.117$，$p<0.05$），因此，研究假设 H11d 仅得到部分支持。

同样，联盟收益分配破缺的显著及边缘显著的调节作用可表示为图 8.9 和图 8.10。

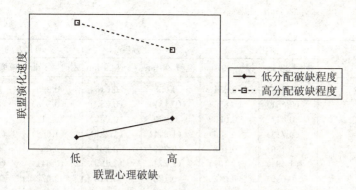

图 8.9 分配破缺对心理破缺与联盟演化速度关系的调节作用

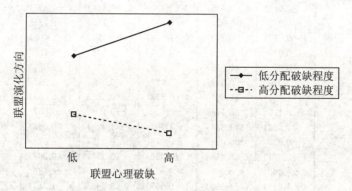

图 8.10 分配破缺对心理破缺与联盟演化方向关系的调节作用

8.4.3 对行为破缺与联盟演化关系的调节作用

1. 联盟心理破缺的调节作用

关于联盟心理破缺对联盟行为破缺与联盟演化关系调节作用的假设,即假设 H12a、H12b 的回归分析结果如表 8.15 所示。

表 8.15 心理破缺对行为破缺调节作用的回归分析

因变量模型	演化速度		演化幅度		演化方向	
	模型 28-spe	模型 29-spe	模型 28-ran	模型 29-ran	模型 28-dir	模型 29-dir
企业经营年限	−0.084 (−1.193)	−0.069 (−0.997)	−0.024 (−0.334)	−0.019 (−0.273)	0.054 (0.767)	0.058 (0.817)
企业规模	0.118 (1.650)	0.116 (1.629)	−0.017 (−0.238)	−0.012 (−0.165)	0.065 (0.903)	0.063 (0.867)

续表

因变量模型	演化速度		演化幅度		演化方向	
	模型 28-spe	模型 29-spe	模型 28-ran	模型 29-ran	模型 28-dir	模型 29-dir
企业位置	0.042	0.054	0.008	0.016	0.025	0.027
	(0.661)	(0.855)	(0.131)	(0.253)	(0.383)	(0.413)
企业性质	0.047	0.039	0.090	0.082	0.111 *	0.110
	(0.713)	(0.586)	(1.344)	(1.226)	(1.668)	(1.645)
企业所属行业	0.135	0.108	0.207 **	0.201 **	0.058	0.050
	(1.491)	(1.197)	(2.274)	(2.199)	(0.641)	(0.550)
伙伴位置	0.059	0.042	0.123 *	0.118 *	−0.023	−0.028
	(0.907)	(0.647)	(1.884)	(1.804)	(−0.354)	(−0.422)
伙伴企业性质	−0.034	−0.032	0.026	0.022	−0.025	−0.023
	(−0.542)	(−0.508)	(0.407)	(0.344)	(−0.395)	(−0.364)
伙伴所属行业	−0.056	−0.022	−0.139	−0.135	−0.125	0.114
	(−0.627)	(−0.243)	(−1.558)	(−1.498)	(−1.408)	(−1.266)
股权式联盟	0.039	0.009	−0.130	−0.138	−0.129	−0.137
	(0.327)	(0.075)	(−1.069)	(−1.137)	(−1.071)	(−1.132)
契约式联盟	0.226 *	0.209	−0.079	−0.078	−0.088	−0.094
	(1.715)	(1.601)	(−0.593)	(−0.587)	(−0.663)	(−0.705)
多重联盟	0.175	0.144	−0.140	−0.154	0.007	0.000
	(1.630)	(1.344)	(−1.293)	(−1.421)	(0.068)	(0.000)
行为破缺	−0.039	−0.038	0.018	0.029	0.024	0.021
	(−0.471)	(−0.471)	(0.220)	(0.351)	(0.288)	(0.254)
满意破缺	−0.068	−0.093	−0.024	−0.040	−0.120 *	−0.124 *
	(−1.013)	(−1.390)	(−0.357)	(−0.583)	(−1.785)	(−1.831)
信任破缺	0.079	0.077	−0.044	−0.038	0.122	0.120
	(0.997)	(0.978)	(−0.549)	(−0.475)	(1.538)	(1.501)
满意破缺×行为破缺		−0.185 ***		−0.115 *		−0.034
		(−2.761)		(−1.682)		(0.505)
信任破缺×行为破缺		0.141 **		0.004		0.047
		(2.071)		(0.053)		(0.681)
F	1.425	1.824 **	1.187	1.250	1.392	1.243
R^2	0.073	0.103	0.061	0.073	0.071	0.073
Adj. R^2	0.022	0.047	0.010	0.015	0.020	0.014
ΔR^2		0.030 **		0.012		0.002
VIF 最大值	4.788	4.812	4.788	4.812	4.788	4.812
$D\text{-}W$	1.966	1.957	1.858	1.871	2.099	2.103

注:(1)括号中为 t 值;(2)系数已标准化;(3) * 表示 $p < 0.1$, ** 表示 $p < 0.05$, *** 表示 $p < 0.01$(双尾);(4)截距项未列示。

在表 8.15 所示回归分析结果中,模型 28-spe 和 29-spe 的因变量是联盟演化速度,模型 28-ran 和 29-ran 的因变量是联盟演化幅度,模型 28-dir 和 29-dir 的因变量是联盟演化方向,模型 28 为只包含控制变量和主效应的基准模型,模

型 29 加入了联盟心理破缺中满意破缺和行为破缺的交互项,信任破缺和行为破缺交互项两个变量。由表 8.15 可知:

联盟满意破缺和行为破缺的交互项对联盟演化速度有显著影响 ($\beta = -0.185$, $p < 0.01$);对联盟演化幅度的影响边缘显著 ($\beta = -0.115$, $p < 0.10$);而对联盟演化方向无显著影响 ($\beta = -0.034$, $p > 0.10$);因此,研究假设 H12a 仅得到部分支持。

联盟信任破缺和行为破缺的交互项对联盟演化速度有显著影响 ($\beta = 0.141$, $p < 0.05$),而对演化幅度和演化方向的影响均不显著 ($\beta = 0.004$, $p > 0.10$; $\beta = 0.047$, $p > 0.10$),因此,研究假设 H12b 仅得到部分支持。

同样,满意破缺和信任破缺显著及边缘显著的调节作用如图 8.11、图 8.12 和图 8.13 所示。

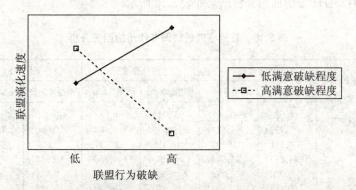

图 8.11 满意破缺对行为破缺与联盟演化速度关系的调节作用

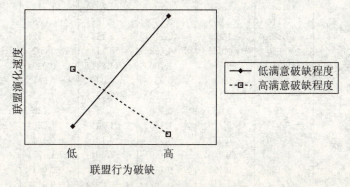

图 8.12 满意破缺对行为破缺与联盟演化幅度关系的调节作用

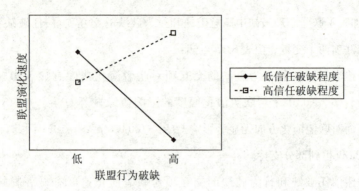

图 8.13　信任破缺对行为破缺与联盟演化速度关系的调节作用

2. 联盟收益破缺的调节作用

关于联盟收益破缺对联盟心理破缺与联盟演化关系调节作用的假设，即假设 H12c、H12d 的回归分析结果如表 8.16 所示。

表 8.16　联盟心理破缺调节作用的回归分析

因变量模型	演化速度		演化幅度		演化方向	
	模型 30-spe	模型 31spe	模型 30-ran	模型 31-ran	模型 30-dir	模型 31-dir
企业经营年限	−0.083	−0.093	−0.020	−0.031	0.052	0.048
	(−1.299)	(−1.443)	(−0.290)	(−0.462)	(0.800)	(0.731)
企业规模	0.111*	0.107	−0.018	−0.017	0.057	0.054
	(1.696)	(1.644)	(−0.263)	(−0.250)	(0.852)	(0.808)
企业位置	0.028	0.031	0.004	0.005	0.026	0.028
	(0.474)	(0.533)	(0.070)	(0.089)	(0.438)	(0.470)
企业性质	0.077	0.082	0.107*	0.114*	0.074	0.076
	(1.285)	(1.372)	(1.700)	(1.792)	(1.211)	(1.241)
企业所属行业	0.114	0.096	0.192**	0.188**	0.088	0.077
	(1.385)	(1.166)	(2.210)	(2.154)	(1.052)	(0.912)
伙伴位置	.050	0.052	0.108*	0.115*	−0.002	−0.002
	(0.845)	(0.880)	(1.750)	(1.841)	(−0.039)	(−0.037)
伙伴企业性质	−0.021	−0.010	0.034	0.035	−0.034	−0.027
	(−0.360)	(−0.179)	(0.572)	(0.577)	(−0.582)	(−0.463)
伙伴所属行业	−0.077	−0.058	−0.150*	−0.147*	−0.128	−0.116
	(−0.955)	(−0.720)	(−1.766)	(−1.721)	(−1.560)	(−1.406)
股权式联盟	0.030	0.031	−0.133	−0.127	−0.132	−0.132
	(0.273)	(0.280)	(−1.149)	(−1.094)	(−1.175)	(−1.179)
契约式联盟	0.166	0.158	−0.114	−0.114	−0.067	−0.073
	(1.374)	(1.318)	(−0.897)	(−0.898)	(−0.549)	(−0.591)

续表

因变量模型	演化速度		演化幅度		演化方向	
	模型 30-spe	模型 31spe	模型 30-ran	模型 31-ran	模型 30-dir	模型 31-dir
多重联盟	0.147	0.149	0.154	−0.156	−0.002	0.000
	(1.496)	(1.536)	(−1.497)	(−1.516)	(−0.019)	(0.003)
行为破缺	−0.045	−0.046	−0.033	−0.040	0.107	0.107
	(−0.632)	(−0.647)	(−0.443)	(−0.531)	(1.472)	(1.475)
绩效破缺	0.052	0.031	0.024	0.044	−0.081	−0.098
	(0.738)	(0.419)	(0.329)	(0.550)	(−1.135)	(−1.280)
分配破缺	0.404 ***	0.403 ***	0.296 ***	0.302 ***	−0.383 ***	−0.384 ***
	(7.231)	(7.232)	(5.037)	(5.103)	(−6.716)	(−6.712)
绩效破缺×行为破缺		0.085		−0.022		0.060
		(1.392)		(−0.339)		(0.955)
分配破缺×行为破缺		−0.126 **		−0.074		−0.071
		(−2.235)		(−1.233)		(−1.214)
F	5.286 ***	5.094 ***	3.079 ***	2.802 ***	4.444 ***	4.024 ***
R^2	0.225	0.244	0.145	0.151	0.196	0.203
Adj. R^2	0.182	0.196	0.098	0.097	0.152	0.152
ΔR^2		0.019		0.006		0.007
VIF 最大值	4.775	4.781	4.775	4.781	4.775	4.781
$D\text{-}W$	2.016	2.005	1.948	1.935	1.935	1.927

注:(1)括号中为 t 值;(2)系数已标准化;(3) * 表示 $p<0.1$, ** 表示 $p<0.05$, *** 表示 $p<0.01$(双尾);(4)截距项未列示。

在表 8.16 所示回归分析结果中,模型 30-spe 和 31-spe 的因变量是联盟演化速度,模型 30-ran 和 31-ran 的因变量是联盟演化幅度,模型 26-dir 和 31-dir 的因变量是联盟演化方向,模型 30 为只包含控制变量和主效应的基准模型,模型 31 加入了联盟收益破缺中绩效破缺和行为破缺的交互项,分配破缺和行为破缺交互项两个变量。由表 8.16 可知:

联盟绩效破缺和行为破缺的交互项对联盟演化速度、演化幅度和演化方向均无显著影响($\beta=0.085$, $p>0.10$; $\beta=-0.022$, $p>0.10$; $\beta=0.060$, $p>0.10$);因此,研究假设 H12c 得不到支持。

联盟分配破缺和心理破缺的交互项对演化速度的影响显著($\beta=-0.126$, $p<0.05$),而对联盟演化幅度和演化方向的影响均不显著($\beta=-0.074$, $p>$

0.10；$\beta=-0.071$，$p>0.10$），因此，研究假设 H12d 仅得到部分支持。

同样，联盟收益分配破缺的显著及边缘显著的调节作用如图 8.14 所示。

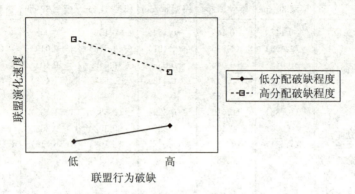

图 8.14　分配破缺对行为破缺与联盟演化速度关系的调节作用

8.4.4　战略联盟状态的调节作用

战略联盟状态包括五个维度，对联盟破缺与联盟演化关系的调节作用涉及 15 个交互项，考虑到多重共线性问题，我们逐一对联盟五个状态维度的调节作用进行检验，这样可以每次只引入三个交叉项。

1. 联盟合作时间的调节作用

关于联盟合作时间在联盟破缺对联盟演化影响调节作用的假设，即假设 H13a、H13b、H13c 的回归分析结果如表 8.17 所示。

表 8.17　联盟合作时间调节作用的回归分析

因变量模型	演化速度		演化幅度		演化方向	
	模型 32-spe	模型 33-spe	模型 32-ran	模型 33-ran	模型 32-dir	模型 33-dir
企业经营年限	−0.086 (−1.312)	−0.091 (−1.357)	−0.026 (−0.383)	−0.030 (−0.434)	0.059 (0.893)	0.047 (0.708)
企业规模	0.116* (1.736)	0.115* (1.713)	−0.015 (−0.210)	−0.015 (−0.213)	0.052 (0.781)	0.057 (0.851)
企业位置	0.025 (0.424)	0.034 (0.552)	−0.001 (−0.009)	0.009 (0.143)	0.030 (0.494)	0.024 (0.376)
企业性质	0.071 (1.152)	0.064 (1.009)	0.110* (1.713)	0.106 (1.615)	0.077 (1.238)	0.080 (1.265)

因变量模型	演化速度		演化幅度		演化方向	
	模型 32-spe	模型 33-spe	模型 32-ran	模型 33-ran	模型 32-dir	模型 33-dir
企业所属行业	0.114	0.119	0.185 **	0.184 **	0.099	0.100
	(1.351)	(1.403)	(2.110)	(2.075)	(1.164)	(1.167)
伙伴位置	0.064	0.059	0.126 **	0.120 *	−0.028	−0.025
	(1.043)	(0.957)	(1.994)	(1.868)	(−0.454)	(−0.394)
伙伴企业性质	−0.016	−0.012	0.038	0.040	−0.041	−0.037
	(−0.281)	(−0.200)	(0.629)	(0.645)	(−0.700)	(−0.621)
伙伴所属行业	−0.079	−0.084	−0.149 *	−0.144 *	−0.125	−0.127
	(−0.957)	(−1.006)	(−1.741)	(−1.656)	(−1.510)	(−1.516)
股权式联盟	0.040	0.023	−0.126	−0.119	−0.140	−0.157
	(0.353)	(0.198)	(−1.083)	(−1.004)	(−1.237)	(−1.370)
契约式联盟	0.182	0.174	−0.099	−0.093	−0.085	−0.091
	(1.487)	(1.403)	(−0.772)	(−0.718)	(−0.689)	(−0.732)
多重联盟	0.160	0.156	−0.136	−0.131	−0.029	−0.031
	(1.592)	(1.536)	(−1.298)	(−1.241)	(−0.289)	(−0.305)
心理破缺	−0.045	−0.029	−0.094	−0.094	0.053	0.073
	(−0.588)	(−0.372)	(−1.192)	(−1.170)	(0.697)	(0.933)
行为破缺	−0.134 *	−0.142 *	−0.067	−0.064	0.169 **	0.151 *
	(−1.734)	(−1.814)	(−0.838)	(0.791)	(2.183)	(1.923)
收益破缺	0.397 ***	0.387 ***	0.290 ***	0.289 ***	−0.390 ***	−0.405 ***
	(6.461)	(6.180)	(4.548)	(4.432)	(−6.315)	(−6.451)
时间	−0.025	−0.033	−0.043	−0.044	0.103 *	0.099 *
	(−0.422)	(−0.558)	(−0.703)	(−0.707)	(1.751)	(1.668)
心理破缺×时间		−0.027		−0.020		−0.097
		(−0.298)		(−0.214)		(−1.085)
行为破缺×时间		0.068		0.044		0.066
		(0.734)		(0.456)		(0.705)
收益破缺×时间		0.034		−0.034		0.069
		(0.544)		(−0.527)		(1.095)
F	4.176 ***	3.535 ***	2.598 ***	2.165 ***	3.923 ***	3.400 ***
R^2	0.198	0.202	0.133	0.134	0.188	0.196
Adj. R^2	0.150	0.145	0.082	0.072	0.140	0.138
ΔR^2		0.004		0.001		0.008
VIF 最大值	4.769	4.827	4.769	4.827	4.769	4.827
$D\text{-}W$	1.990	1.987	1.905	1.902	1.975	1.944

注：(1)括号中为 t 值；(2)系数已标准化；(3) * 表示 $p < 0.1$，** 表示 $p < 0.05$，*** 表示 $p < 0.01$（双尾）；(4)截距项未列示。

在表 8.17 所示回归分析结果中，模型 32-spe 和 33-spe 的因变量是联盟演化速度,模型 32-ran 和 33-ran 的因变量是联盟演化幅度,模型 32-dir 和 33-dir 的因变量是联盟演化方向,模型 32 为只包含控制变量和主效应的基准模型,模型 33 加入了联盟状态中时间和心理破缺交互项、时间和行为破缺交互项、时间和收益破缺交互项三个变量。由表 8.17 可知:

联盟合作时间和心理破缺的交互项对联盟演化速度、演化幅度和演化方向的影响均不显著($\beta = -0.027$, $p > 0.10$;$\beta = -0.020$, $p > 0.10$;$\beta = -0.097$, $p > 0.10$);因此,研究假设 H13a 得不到支持。

联盟合作时间和行为破缺的交互项对联盟演化速度、演化幅度和演化方向的影响均不显著($\beta = 0.068$, $p > 0.10$;$\beta = 0.044$, $p > 0.10$;$\beta = 0.066$, $p > 0.10$);因此,研究假设 H13b 得不到支持。

联盟合作时间和收益破缺的交互项对联盟演化速度、演化幅度和演化方向的影响均不显著($\beta = 0.034$, $p > 0.10$;$\beta = -0.034$, $p > 0.10$;$\beta = 0.069$, $p > 0.10$);因此,研究假设 H13c 得不到支持。

2. 联盟合作空间的调节作用

关于联盟合作空间在联盟破缺对联盟演化影响调节作用的假设,即假设 H14a、H14b、H14c 的回归分析结果如表 8.18 所示。

表 8.18 联盟合作空间调节作用的回归分析

因变量模型	演化速度		演化幅度		演化方向	
	模型 34-spe	模型 35-spe	模型 34-ran	模型 35-ran	模型 34-dir	模型 35-dir
企业经营年限	−0.085	−0.098	−0.027	−0.035	0.056	0.053
	(−1.293)	(−1.493)	(−0.400)	(−0.504)	(0.843)	(0.783)
企业规模	0.116*	0.139**	−0.019	−0.003	0.055	0.061
	(1.731)	(2.072)	(−0.276)	(−0.038)	(0.821)	(0.883)
企业位置	0.026	0.035	0.004	0.016	0.026	0.027
	(0.427)	(0.579)	(0.060)	(0.257)	(0.434)	(0.440)
企业性质	0.071	0.055	0.110*	0.097	0.078	0.073
	(1.150)	(0.885)	(1.714)	(1.496)	(1.236)	(1.159)
企业所属行业	0.117	0.115	0.189**	0.184**	0.087	0.088
	(1.390)	(1.378)	(2.165)	(2.103)	(1.025)	(1.024)

续表

因变量模型	演化速度		演化幅度		演化方向	
	模型 34-spe	模型 35-spe	模型 34-ran	模型 35-ran	模型 34-dir	模型 35-dir
伙伴位置	0.059 (0.948)	0.050 (0.808)	0.137 ** (2.110)	0.128 * (1.969)	−0.020 (−0.324)	−0.022 (−0.341)
伙伴企业性质	−0.018 (−0.302)	−0.021 (−0.369)	0.037 (0.616)	0.035 (0.575)	−0.037 (−0.625)	−0.038 (−0.634)
伙伴所属行业	−0.078 (−0.950)	−0.051 (−0.613)	−0.144 * (−1.687)	−0.117 (−1.355)	−0.130 (−1.557)	−0.125 (−1.470)
股权式联盟	0.039 (0.349)	0.036 (0.322)	−0.117 (−0.998)	−0.114 (−0.978)	−0.145 (−1.271)	−0.146 (−1.277)
契约式联盟	0.181 (1.456)	0.173 (1.403)	−0.080 (−0.624)	−0.074 (−0.576)	−0.091 (−0.728)	−0.096 (−0.755)
多重联盟	0.155 (1.535)	0.149 (1.485)	−0.129 (−1.233)	−0.120 (−1.143)	−0.018 (−0.174)	−0.022 (−0.209)
心理破缺	−0.043 (−0.563)	−0.033 (−0.440)	−0.093 (−1.177)	−0.088 (−1.119)	0.046 (0.606)	0.049 (0.637)
行为破缺	−0.135 * (−1.746)	−0.122 (−1.605)	−0.066 (−0.830)	−0.060 (−0.756)	0.172 ** (2.204)	0.175 ** (2.234)
收益破缺	0.396 *** (6.451)	0.386 *** (6.303)	0.290 *** (4.543)	0.277 *** (4.319)	−0.388 *** (−6.249)	−0.390 *** (−6.196)
空间	0.002 ** (0.030)	0.008 (0.137)	−0.065 (−1.030)	−0.059 (−0.931)	0.036 (0.584)	0.037 (0.587)
心理破缺×空间		0.054 (0.688)		−0.020 (−0.239)		0.029 (0.360)
行为破缺×空间		0.058 (0.741)		0.128 (1.564)		−0.004 (−0.052)
收益破缺×空间		−0.188 *** (−3.006)		−0.113 * (−1.729)		−0.051 (0.794)
F	4.162 ***	4.072 ***	2.642 ***	2.485 ***	3.702 ***	3.095 ***
R^2	0.197	0.226	0.135	0.151	0.179	0.182
Adj. R^2	0.150	0.171	0.084	0.090	0.131	0.123
ΔR^2		0.029		0.016		0.003
VIF 最大值	4.870	4.010	4.870	4.910	4.079	4.919
D-W	1.989	2.005	1.923	1.869	1.938	1.945

注：(1)括号中为 t 值；(2)系数已标准化；(3) * 表示 $p < 0.1$，** 表示 $p < 0.05$，*** 表示 $p < 0.01$(双尾)；(4)截距项未列示。

在表 8.18 所示回归分析结果中，模型 34-spe 和 35-spe 的因变量是联盟演化速度，模型 34-ran 和 35-ran 的因变量是联盟演化幅度，模型 34-dir 和 35-dir 的因变量是联盟演化方向，模型 34 为只包含控制变量和主效应的基准模型，模型 35 加入了联盟状态中联盟合作空间和心理破缺交互项、联盟合作空间和行为破缺交互项、联盟合作空间和收益破缺交互项三个变量。由表 8.18 可知：

　　联盟合作空间和心理破缺的交互项对联盟演化速度、演化幅度和演化方向的影响均不显著（$\beta=0.054$，$p>0.10$；$\beta=-0.020$，$p>0.10$；$\beta=0.029$，$p>0.10$）；因此，研究假设 H14a 得不到支持。

　　联盟合作空间和行为破缺的交互项对联盟演化速度、演化幅度和演化方向的影响均不显著（$\beta=0.058$，$p>0.10$；$\beta=0.128$，$p>0.10$；$\beta=-0.004$，$p>0.10$）；因此，研究假设 H14b 得不到支持。

　　联盟合作空间和收益破缺的交互项对联盟演化速度、演化幅度的影响显著（$\beta=-0.188$，$p<0.01$；$\beta=-0.113$，$p<0.10$），而对联盟演化方向的影响均不显著（$\beta=-0.051$，$p>0.10$）；因此，研究假设 H14c 得到部分支持。

　　联盟合作空间显著及边缘显著的调节作用如图 8.15 和图 8.16 所示。

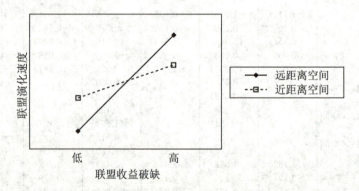

图 8.15　联盟合作空间对联盟收益破缺与联盟演化速度关系的调节作用

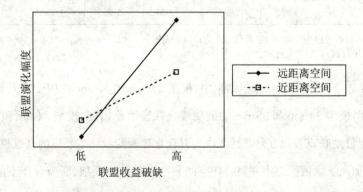

图 8.16　联盟合作空间对联盟收益破缺与联盟演化幅度关系的调节作用

3. 联盟合作资源的调节作用

关于联盟合作资源在联盟破缺对联盟演化影响调节作用的假设，即假设 H15a、H15b、H15c 的回归分析结果如表 8.19 所示。

表 8.19 联盟合作资源调节作用的回归分析

因变量模型	演化速度		演化幅度		演化方向	
	模型 36-spe	模型 37-spe	模型 36-ran	模型 37-ran	模型 36-dir	模型 37-dir
企业经营年限	−0.082	−0.084	−0.019	−0.001	0.058	0.054
	(−1.260)	(−1.279)	(−0.287)	(−0.018)	(0.873)	(0.805)
企业规模	0.102	0.122 *	−0.041	−0.045	0.033	0.025
	(1.494)	(1.785)	(−0.583)	(−0.628)	(0.485)	(0.354)
企业位置	0.030 *	0.013	0.008	−0.003	0.034	0.044
	(0.498)	(0.226)	(0.125)	(−0.042)	(0.565)	(0.721)
企业性质	0.077	0.073	0.120 *	0.107 *	0.085	0.090
	(1.233)	(1.171)	(1.868)	(1.659)	(1.356)	(1.424)
企业所属行业	0.118	0.132	0.193 **	0.182 **	0.089	0.085
	(1.408)	(1.578)	(2.214)	(2.092)	(1.044)	(0.995)
伙伴位置	0.060	0.064	0.121 *	0.129 **	−0.010	−0.014
	(1.004)	(1.079)	(1.942)	(2.074)	(−0.161)	(−0.225)
伙伴企业性质	−0.026	−0.023	0.020	0.014	−0.048	−0.049
	(−0.444)	(−0.386)	(0.331)	(0.221)	(−0.813)	(−0.812)
伙伴所属行业	−0.077	−0.091	−0.145 *	−0.127	−0.126	−0.124
	(−0.932)	(−1.102)	(−1.703)	(−1.475)	(−1.514)	(−1.476)
股权式联盟	0.028	0.041	−0.148	−0.152	−0.156	−0.160
	(0.249)	(0.364)	(−1.271)	(−1.305)	(−1.369)	(−1.403)
契约式联盟	0.189	0.188	−0.086	−0.101	−0.069	−0.065
	(1.540)	(1.543)	(−0.678)	(−0.796)	(−0.561)	(−0.524)
多重联盟	0.151	0.136	0.152	−0.155	−0.016	−0.009
	(1.510)	(1.370)	(−1.473)	(−1.502)	(−0.159)	(−0.084)
心理破缺	−0.037	−0.005	−0.080	−0.079	0.054	0.039
	(−0.485)	(−0.059)	(−1.013)	(−0.911)	(0.703)	(0.498)
行为破缺	−0.140 *	−0.156 **	−0.079	−0.075	0.165 **	0.172 **
	(−1.817)	(−2.028)	(−0.992)	(−0.935)	(2.120)	(2.185)
收益破缺	0.393 ***	0.400 ***	0.284 ***	0.295 ***	−0.392 ***	−0.398 ***
	(6.408)	(6.525)	(4.466)	(4.622)	(−6.328)	(−6.349)
资源	0.062	0.051	0.117	0.122 *	0.088	0.092
	(1.011)	(0.830)	(1.834)	(1.920)	(1.419)	(1.471)
心理破缺×资源		0.155 **		0.083		−0.086
		(2.132)		(1.101)		(−1.155)

续表

因变量模型	演化速度		演化幅度		演化方向	
	模型 36-spe	模型 37-spe	模型 36-ran	模型 37-ran	模型 36-dir	模型 37-dir
行为破缺×资源		−0.050		0.035		0.007
		(−0.674)		(0.459)		(0.097)
收益破缺×资源		0.061		−0.111*		−0.001
		(1.001)		(−1.743)		(−0.017)
F	4.246***	3.989***	2.818***	2.262***	3.838***	3.292***
R^2	0.200	0.222	0.143	0.158	0.185	0.191
Adj. R^2	0.153	0.167	0.092	0.098	0.137	0.133
ΔR^2		0.002		0.005		0.006
VIF 最大值	4.785	4.802	4.785	4.802	4.785	4.802
D-W	1.988	1.970	1.927	1.928	1.938	1.931

注:(1)括号中为 t 值;(2)系数已标准化;(3)* 表示 $p < 0.1$,** 表示 $p < 0.05$,*** 表示 $p < 0.01$(双尾);(4)截距项未列示。

在表 8.19 所示回归分析结果中,模型 36-spe 和 37-spe 的因变量是联盟演化速度,模型 36-ran 和 37-ran 的因变量是联盟演化幅度,模型 36-dir 和 37-dir 的因变量是联盟演化方向,模型 36 为只包含控制变量和主效应的基准模型,模型 37 加入了联盟状态中联盟合作资源和心理破缺交互项、联盟合作资源和行为破缺交互项、联盟合作资源和收益破缺交互项三个变量。由表 8.19 可知:

联盟合作资源和心理破缺的交互项对联盟演化速度有显著影响($\beta = 0.155$, $p < 0.05$),对联盟演化幅度和演化方向的影响均不显著($\beta = 0.083$, $p > 0.10$; $\beta = -0.086$, $p > 0.10$);因此,研究假设 H15a 仅得到部分支持。

联盟合作资源和行为破缺的交互项对联盟演化速度、演化幅度和演化方向的影响均不显著($\beta = -0.050$, $p > 0.10$; $\beta = 0.035$, $p > 0.10$; $\beta = 0.007$, $p > 0.10$);因此,研究假设 H15b 得不到支持。

联盟合作资源和收益破缺的交互项对联盟演化速度和演化方向的影响均不显著($\beta = 0.061$, $p > 0.10$; $\beta = -0.001$, $p > 0.10$),而对联盟演化幅度的影响呈边缘显著($\beta = -0.111$, $p < 0.10$);因此,研究假设 H15c 仅得到部分支持。

联盟合作资源的显著及边缘显著的调节作用可如图 8.17 和图 8.18 所示。

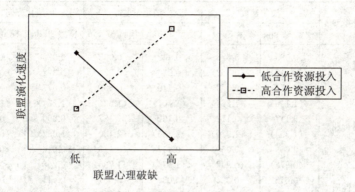

图 8.17　联盟合作资源对联盟心理破缺与联盟演化速度关系的调节作用

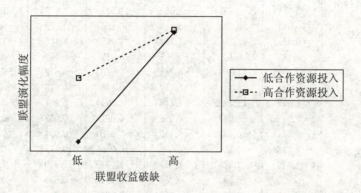

图 8.18　联盟合作资源对联盟收益破缺与联盟演化幅度关系的调节作用

4. 联盟合作信息的调节作用

关于联盟合作信息在联盟破缺对联盟演化影响调节作用的假设，即假设 H16a、H16b、H16c 的回归分析结果如表 8.20 所示。

表 8.20　联盟合作信息调节作用的回归分析

因变量模型	演化速度		演化幅度		演化方向	
	模型 38-spe	模型 39-spe	模型 38-ran	模型 39-ran	模型 38-dir	模型 39-dir
企业经营年限	−0.084 (−1.281)	−0.094 (−1.425)	−0.021 (−0.315)	−0.026 (−0.375)	0.061 (0.933)	0.053 (0.795)
企业规模	0.115* (1.730)	0.115* (1.724)	−0.015 (−0.221)	−0.015 (−0.217)	0.052 (0.771)	0.048 (0.721)

续表

因变量模型	演化速度		演化幅度		演化方向	
	模型 38-spe	模型 39-spe	模型 38-ran	模型 39-ran	模型 38-dir	模型 39-dir
企业位置	0.025	0.022	−0.002	−0.003	0.022	0.020
	(0.417)	(0.362)	(−0.035)	(−0.054)	(0.372)	(0.326)
企业性质	0.071	0.079	0.110*	0.106	0.077	0.084
	(1.149)	(1.266)	(1.707)	(1.621)	(1.234)	(1.339)
企业所属行业	0.117	0.112	0.192**	0.187**	0.090	0.082
	(1.394)	(1.320)	(2.186)	(2.130)	(1.062)	(0.973)
伙伴位置	0.059	0.060	0.117*	0.113*	−0.016	−0.019
	(0.978)	(0.992)	(1.874)	(1.790)	(−0.268)	(−0.314)
伙伴企业性质	−0.018	−0.024	0.035	0.031	−0.041	−0.051
	(−0.311)	(−0.400)	(0.567)	(0.505)	(−0.700)	(−0.858)
伙伴所属行业	−0.076	−0.074	−0.140	−0.133	−0.107	−0.095
	(−0.911)	(−0.881)	(−1.622)	(−1.527)	(−1.278)	(−1.140)
股权式联盟	0.041	0.024	−0.123	−0.124	−0.129	−0.135
	(0.363)	(0.211)	(−1.051)	(−1.045)	(−1.146)	(−1.188)
契约式联盟	0.183	0.169	−0.095	−0.087	−0.066	−0.068
	(1.489)	(1.364)	(−0.744)	(−0.676)	(−0.532)	(−0.548)
多重联盟	0.154	0.146	−0.147	−0.146	−0.018	−0.017
	(1.542)	(1.443)	(−1.414)	(−1.394)	(−0.181)	(−0.164)
心理破缺	−0.042	−0.033	−0.088	−0.081	0.053	0.052
	(−0.551)	(−0.431)	(−1.115)	(−1.008)	(0.697)	(0.676)
行为破缺	−0.135*	−0.151*	−0.069	−0.086	0.171**	0.154*
	(−1.749)	(−1.919)	(−0.867)	(−1.044)	(2.209)	(1.957)
收益破缺	0.396***	0.388***	0.289***	0.291***	−0.390***	−0.396***
	(6.447)	(6.273)	(4.522)	(4.523)	(−6.321)	(−6.392)
信息	0.014	0.003	0.042	0.034	0.115*	0.101*
	(0.235)	(0.052)	(0.696)	(0.544)	(1.955)	(1.693)
心理破缺×信息		−0.099		−0.023		−0.139*
		(−1.251)		(−0.280)		(−1.756)
行为破缺×信息		0.093		0.093		0.137*
		(1.130)		(1.087)		(1.667)
收益破缺×信息		0.025		−0.037		−0.037
		(0.417)		(−0.583)		(−0.601)
F	4.166***	3.568***	2.597***	2.242***	3.984***	3.539***
R^2	0.197	0.204	0.133	0.139	0.190	0.202
Adj. R^2	0.150	0.147	0.082	0.077	0.143	0.145
ΔR^2		0.007		0.006		0.012
VIF 最大值	4.784	4.864	4.784	4.864	4.784	4.864
$D\text{-}W$	1.989	1.985	1.930	1.898	1.930	1.919

注:(1)括号中为 t 值;(2)系数已标准化;(3) * 表示 $p<0.1$, ** 表示 $p<0.05$, *** 表示 $p<0.01$(双尾);(4)截距项未列示。

在表 8.20 所示回归分析结果中,模型 38-spe 和 39-spe 的因变量是联盟演化速度,模型 38-ran 和 39-ran 的因变量是联盟演化幅度,模型 38-dir 和 39-dir 的因变量是联盟演化方向,模型 38 为只包含控制变量和主效应的基准模型,模型 39 加入了联盟状态中联盟合作信息和心理破缺交互项、联盟合作信息和行为破缺交互项、联盟合作信息和收益破缺交互项三个变量。由表 8.20 可知:

联盟合作信息和心理破缺的交互项对联盟演化速度、演化幅度的影响均不显著 ($\beta = -0.099$, $p > 0.10$; $\beta = -0.023$, $p > 0.10$),而对联盟演化方向的影响呈边缘显著 ($\beta = -0.139$, $p < 0.10$);因此,研究假设 H16a 仅得到部分支持。

联盟合作信息和行为破缺的交互项对联盟演化速度、演化幅度的影响均不显著 ($\beta = 0.093$, $p > 0.10$; $\beta = 0.093$, $p > 0.10$),而对联盟演化方向的影响呈边缘显著 ($\beta = 0.137$, $p < 0.10$);因此,研究假设 H16b 仅得到部分支持。

联盟合作信息和收益破缺的交互项对联盟演化速度、演化幅度和演化方向的影响均不显著 ($\beta = 0.025$, $p > 0.10$; $\beta = -0.037$, $p > 0.10$; $\beta = -0.037$, $p > 0.10$);因此,研究假设 H16c 得不到支持。

联盟合作信息的显著及边缘显著的调节作用如图 8.19 和图 8.20 所示。

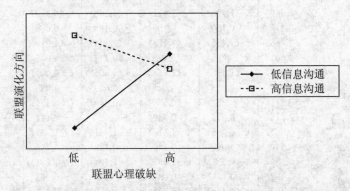

图 8.19   联盟合作信息对联盟心理破缺与联盟演化方向关系的调节作用

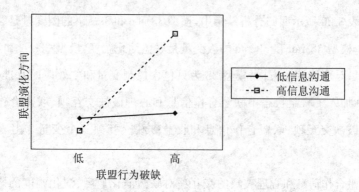

图 8.20　联盟合作信息对联盟行为破缺与联盟演化方向关系的调节作用

5. 联盟合作能力的调节作用

关于联盟合作能力在联盟破缺对联盟演化影响调节作用的假设,即假设 H17a、H17b、H17c 的回归分析结果如表 8.21 所示。

表 8.21　联盟合作能力调节作用的回归分析

因变量模型	演化速度		演化幅度		演化方向	
	模型 40-spe	模型 41-spe	模型 40-ran	模型 41-ran	模型 40-dir	模型 41-dir
企业经营年限	−0.086	−0.097	−0.027	−0.026	0.049	0.048
	(−1.312)	(−1.458)	(−0.397)	(−0.378)	(0.746)	(0.714)
企业规模	0.113*	0.120*	−0.021	−0.020	0.042	0.047
	(1.695)	(1.793)	(−0.302)	(−0.289)	(0.626)	(0.699)
企业位置	0.025	0.027	−0.001	0.001	0.026	0.027
	(0.423)	(0.450)	(−0.018)	(0.023)	(0.438)	(0.444)
企业性质	0.066	0.072	0.096	0.090	0.051	0.049
	(1.049)	(1.139)	(1.471)	(1.368)	(0.814)	(0.761)
企业所属行业	0.117	0.120	0.190**	0.188**	0.086	0.088
	(1.388)	(1.422)	(2.173)	(2.144)	(1.019)	(1.039)
伙伴位置	0.061	0.069	0.123*	0.114*	−0.005	−0.005
	(1.008)	(1.128)	(1.961)	(1.806)	(−0.084)	(−0.089)
伙伴企业性质	−0.016	−0.023	0.041	0.039	−0.028	−0.032
	(−0.271)	(−0.382)	(0.675)	(0.640)	(−0.471)	(−0.548)
伙伴所属行业	−0.075	−0.083	−0.139	−0.133	−0.111	−0.114
	(−0.904)	(−0.993)	(−1.616)	(−1.541)	(−1.337)	(−1.363)
股权式联盟	0.040	0.037	−0.126	−0.129	−0.139	−0.144
	(0.354)	(0.331)	(−1.083)	(−1.104)	(−1.234)	(−1.276)
契约式联盟	0.182	0.179	−0.099	−0.108	−0.078	−0.088
	(1.482)	(1.448)	(−0.781)	(−0.843)	(−0.637)	(−0.708)

续表

因变量模型	演化速度		演化幅度		演化方向	
	模型 40-spe	模型 41-spe	模型 40-ran	模型 41-ran	模型 40-dir	模型 41-dir
多重联盟	0.152	0.142	−0.154	−0.159	−0.028	−0.043
	(1.514)	(1.395)	(−1.479)	(−1.499)	(−0.278)	(−0.419)
心理破缺	−0.042	−0.030	−0.088	−0.077	0.050	0.062
	(−0.552)	(−0.386)	(−1.123)	(−0.955)	(0.660)	(0.796)
行为破缺	−0.134 *	−0.139 *	−0.068	−0.072	0.175 **	0.176 **
	(−1.742)	(−1.774)	(−0.848)	(−0.882)	(2.268)	(2.236)
收益破缺	0.395 ***	0.385 ***	0.287 ***	0.294 ***	−0.391 ***	−0.393 ***
	(6.440)	(6.204)	(4.511)	(4.555)	(−6.374)	(−6.315)
能力	0.029	0.020	0.078	0.078	0.144 **	0.140 **
	(0.494)	(0.347)	(1.277)	(1.266)	(2.454)	(2.364)
心理破缺×能力		−0.036		0.040		0.037
		(−0.445)		(0.474)		(0.459)
行为破缺×能力		0.004		0.034		−0.014
		(0.050)		(0.388)		(−0.163)
收益破缺×能力		0.092		−0.022		0.043
		(1.437)		(−0.330)		(0.673)
F	4.182 ***	3.605 ***	2.685 ***	2.278 ***	4.163 ***	3.492 ***
R^2	0.198	0.205	0.137	0.140	0.197	0.200
Adj. R^2	0.151	0.148	0.086	0.079	0.150	0.143
ΔR^2		0.007		0.003		0.003
VIF 最大值	4.767	4.806	4.767	4.806	4.767	4.806
$D\text{-}W$	1.984	2.027	1.925	1.909	1.898	1.906

注:(1)括号中为 t 值;(2)系数已标准化;(3)* 表示 $p<0.1$,** 表示 $p<0.05$,*** 表示 $p<0.01$(双尾);(4)截距项未列示。

在表 8.21 所示回归分析结果中,模型 40-spe 和 41-spe 的因变量是联盟演化速度,模型 40-ran 和 41-ran 的因变量是联盟演化幅度,模型 40-dir 和 41-dir 的因变量是联盟演化方向,模型 40 为只包含控制变量和主效应的基准模型,模型 41 加入了联盟状态中联盟合作能力和心理破缺交互项、联盟合作能力和行为破缺交互项、联盟合作能力和收益破缺交互项三个变量。由表 8.21 可知:

联盟合作能力和心理破缺的交互项对联盟演化速度、演化幅度和演化方向的影响均不显著($\beta=-0.036$, $p>0.10$;$\beta=0.040$, $p>0.10$;$\beta=0.037$, $p>0.10$);因此,研究假设 H17a 得不到支持。

联盟合作能力和行为破缺的交互项对联盟演化速度、演化幅度和演化方向的影响均不显著（$\beta=0.004$，$p>0.10$；$\beta=-0.034$，$p>0.10$；$\beta=-0.014$，$p>0.10$）；因此，研究假设 H17b 得不到支持。

联盟合作能力和收益破缺的交互项对联盟演化速度、演化幅度和演化方向的影响均不显著（$\beta=0.092$，$p>0.10$；$\beta=-0.022$，$p>0.10$；$\beta=0.043$，$p>0.10$）；因此，研究假设 H17c 得不到支持。

8.5　假设检验结果

综上所述，本项研究的全部假设检验结果归纳如表 8.22 所示。

表 8.22　假设检验结果小结

假设分类	假设编号	假 设 内 容	假设检验结论
直接作用	H1a	联盟心理破缺对联盟演化有显著影响	不支持
	H1b	联盟行为破缺对联盟演化有显著影响	部分支持
	H1c	联盟收益破缺对联盟演化有显著影响	支持
	H2a	联盟满意破缺对联盟演化有显著影响	部分支持
	H2b	联盟信任破缺对联盟演化有显著影响	不支持
	H2c	联盟机会主义破缺对联盟演化有显著影响	不支持
	H2d	联盟冲突破缺对联盟演化有显著影响	不支持
	H2e	联盟绩效破缺对联盟演化有显著影响	不支持
	H2f	联盟分配破缺对联盟演化有显著影响	支持
	H3	联盟心理破缺对联盟行为破缺有正向影响	支持
	H3a	联盟满意破缺对联盟机会主义破缺有正向影响	支持
	H3b	联盟信任破缺对联盟机会主义破缺有正向影响	支持
	H3c	联盟满意破缺对联盟冲突破缺有正向影响	支持
	H3d	联盟信任破缺对联盟冲突破缺有正向影响	支持
	H4	联盟行为破缺对联盟收益破缺有正向影响	支持
	H4a	联盟机会主义破缺对联盟绩效破缺有正向影响	支持
	H4b	联盟冲突破缺对联盟绩效破缺有正向影响	支持
	H4c	联盟机会主义破缺对联盟分配破缺有正向影响	不支持
	H4d	联盟冲突破缺对联盟分配破缺有正向影响	不支持
	H5	联盟收益破缺对联盟心理破缺有正向影响	支持
	H5a	联盟绩效破缺对联盟满意破缺有正向影响	支持
	H5b	联盟分配破缺对联盟满意破缺有正向影响	不支持
	H5c	联盟绩效破缺对联盟信任破缺有正向影响	支持
	H5d	联盟分配破缺对联盟信任破缺有正向影响	不支持

假设分类	假设编号	假　设　内　容	假设检验结论
互补作用	H6a	联盟心理破缺和行为破缺的交互项对联盟演化有显著影响	不支持
	H6b	联盟行为破缺和收益破缺的交互项对联盟演化有显著影响	不支持
	H6c	联盟心理破缺和收益破缺的交互项对联盟演化有显著影响	部分支持
	H7a	联盟满意破缺和信任破缺的交互项对联盟机会主义破缺有显著影响	不支持
	H7b	联盟满意破缺和信任破缺的交互项对联盟冲突破缺有显著影响	不支持
	H8a	联盟机会主义破缺和冲突破缺的交互项对联盟绩效破缺有显著影响	不支持
	H8b	联盟机会主义破缺和冲突破缺的交互项对联盟分配破缺有显著影响	不支持
	H9a	联盟绩效破缺和分配破缺的交互项对联盟满意破缺有显著影响	不支持
	H9b	联盟绩效破缺和分配破缺的交互项对联盟信任破缺有显著影响	不支持
调节作用	H10a	联盟满意破缺和收益破缺的交互项对联盟演化有显著影响	部分支持
	H10b	联盟信任破缺和收益破缺的交互项对联盟演化有显著影响	不支持
	H10c	联盟机会主义破缺和收益破缺的交互项对联盟演化有显著影响	不支持
	H10d	联盟冲突破缺和收益破缺的交互项对联盟演化有显著影响	部分支持
	H11a	联盟机会主义破缺和心理破缺的交互项对联盟演化有显著影响	部分支持
	H11b	联盟冲突破缺和心理破缺的交互项对联盟演化有显著影响	部分支持
	H11c	联盟绩效破缺和心理破缺的交互项对联盟演化有显著影响	不支持
	H11d	联盟分配破缺和心理破缺的交互项对联盟演化有显著影响	部分支持
	H12a	联盟满意破缺和行为破缺的交互项对联盟演化有显著影响	部分支持
	H12b	联盟信任破缺和行为破缺的交互项对联盟演化有显著影响	部分支持
	H12c	联盟绩效破缺和行为破缺的交互项对联盟演化有显著影响	不支持
	H12d	联盟分配破缺和行为破缺的交互项对联盟演化有显著影响	部分支持
	H13a	联盟合作时间和心理破缺的交互项对联盟演化有显著影响	不支持
	H13b	联盟合作时间和行为破缺的交互项对联盟演化有显著影响	不支持
	H13c	联盟合作时间和收益破缺的交互项对联盟演化有显著影响	不支持
	H14a	联盟合作空间和心理破缺的交互项对联盟演化有显著影响	不支持
	H14b	联盟合作空间和行为破缺的交互项对联盟演化有显著影响	不支持
	H14c	联盟合作空间和收益破缺的交互项对联盟演化有显著影响	部分支持
	H15a	联盟合作资源和心理破缺的交互项对联盟演化有显著影响	部分支持
	H15b	联盟合作资源和行为破缺的交互项对联盟演化有显著影响	不支持
	H15c	联盟合作资源和收益破缺的交互项对联盟演化有显著影响	部分支持
	H16a	联盟合作信息和心理破缺的交互项对联盟演化有显著影响	部分支持
	H16b	联盟合作信息和行为破缺的交互项对联盟演化有显著影响	部分支持
	H16c	联盟合作信息和收益破缺的交互项对联盟演化有显著影响	不支持
	H17a	联盟合作能力和心理破缺的交互项对联盟演化有显著影响	不支持
	H17b	联盟合作能力和行为破缺的交互项对联盟演化有显著影响	不支持
	H17c	联盟合作能力和收益破缺的交互项对联盟演化有显著影响	不支持

8.6　本章小结

　　本章在问卷量表数据检验分析的基础上，运用回归分析方法，对第 5 章所提出的研究假设及概念模型进行实证检验，分别对联盟演化机制和联盟破缺机制中直接作用、互补作用和调节作用的研究假设进行检验，获得关于联盟演化和破缺的假设检验的结果。

第9章 实证分析结果及讨论

9.1 结果及解释

9.1.1 关于直接作用

在假设检验中显著的直接作用可归纳为表 9.1。

表 9.1 联盟演化主要显著的直接作用

模　型	显著的直接作用
二阶破缺变量	联盟心理破缺→联盟行为破缺→联盟演化速度 联盟行为破缺→联盟收益破缺→联盟演化速度 联盟行为破缺→联盟收益破缺→联盟演化幅度 联盟心理破缺→联盟行为破缺→联盟演化方向 联盟行为破缺→联盟收益破缺→联盟演化方向
一阶破缺变量	联盟分配破缺→联盟演化速度 联盟分配破缺→联盟演化幅度 联盟满意破缺→联盟演化方向 联盟分配破缺→联盟演化方向

直接作用是概念模型的核心,表 9.1 中的直接作用路径代表了联盟演化模型中最主要的作用机制。由表 9.1 知,在不同的联盟演化维度中,联盟破缺对联盟演化的主要影响机制是不同的,而联盟破缺二阶变量和一阶变量对联盟演化的影响基本保持一致。

1. 联盟演化的主要作用机制

根据联盟破缺二阶变量对联盟演化影响的回归分析结果,联盟心理破缺对联盟演化的影响假设得不到支持;联盟行为破缺对联盟演化的影响假设仅得到部分支持,其中,联盟行为破缺对联盟演化速度的负向影响呈边缘显著($\beta = -1.134^*$),对联盟演化幅度无显著影响,对联盟演化方向有显著影响($\beta = 0.173^{**}$);联盟行为破缺对联盟演化速度有边缘显著的负向影响,表示联盟行为破缺将导致联盟演化速度减缓,在现实中,联盟演化速度由于联盟内出现的成员矛盾和利益纠纷难以解决,从而很难获得一次性的解决方案。联盟行为破缺对联盟演化方向有正向显著影响,表明联盟行为破缺将暴露联盟成员的众多机会主义行为或冲突行为,从而有利于联盟管理者看到问题所在,有针对性地调整和完善联盟的治理机制,维护联盟的稳定运行。联盟收益破缺对联盟演化速度($\beta = 0.396^{***}$)、幅度($\beta = 0.289^{***}$)和方向($\beta = -0.388^{***}$)三个维度的影响均显著。由此可见,联盟演化主要受联盟收益破缺的影响,联盟心理破缺未对联盟演化产生直接影响,而联盟行为破缺对联盟演化的直接作用则较弱。说明最终影响联盟演化及稳定性的是联盟成员是否获得足够的收益,而在联盟合作过程中,联盟心理和行为破缺对联盟演化不存在根本性的影响,联盟是否继续合作,能否保持稳定运营的关键在于联盟及成员的收益。且联盟收益破缺的程度越大,对联盟演化的速度和幅度的影响也将越大,即联盟越呈现不稳定状态,联盟的业务模式和绩效、联盟参与人员(包括联盟高管团队)、联盟结构越容易出现变化;联盟收益破缺对联盟演化方向有显著负向影响,表明收益破缺程度越大,联盟将越无法继续保持长期合作,越容易导致联盟的解体。

根据联盟破缺一阶变量对联盟演化影响的回归分析结果,联盟收益破缺中一阶变量联盟分配破缺对联盟演化速度、幅度和方向均有显著影响($\beta = 0.407^{***}$,$\beta = 0.294^{***}$,$\beta = -0.380^{***}$),联盟心理破缺中的一阶变量联盟满意破缺对联盟演化方向的负向影响呈边缘显著($\beta = -0.014^*$),其他联盟破缺的变量对联盟演化的速度、幅度和方向的影响均不显著。由此可见,主要是联盟收益破缺中一阶变量联盟分配破缺对联盟演化产生的直接影响,因此,结合联盟破缺二阶变量对联盟演化影响的分析结果,联盟心理和行为破缺对联盟演化都无直接的影响作用,联盟演化主要受联盟内成员的利益分配机制所影响。由于在联盟破缺二阶变量的影响分析中发现联盟行为破缺对联盟演化存在部分影响,在联盟破缺一阶变量的影响分析中发现联盟满意破缺对联盟演化存在部分影响;因此,本研究在此基础上,将继续对联盟破缺机制展开研究。

因此,考虑到联盟演化的三个维度,联盟破缺对联盟演化的影响主要沿着"联盟分配破缺→联盟收益破缺→联盟演化"的路径来影响战略联盟的演化。

2. 联盟破缺的主要作用机制

根据联盟破缺机制的假设检验结果,联盟心理破缺对联盟行为破缺有显著正向影响($\beta = 0.653^{***}$),联盟行为破缺对联盟收益破缺有显著正向影响($\beta = 0.375^{***}$),联盟收益破缺对联盟心理破缺有显著正向影响($\beta = 0.307^{***}$)。由此可见,联盟破缺呈现为彼此不断强化的作用机制,联盟的心理破缺将导致联盟成员决策行为破缺,联盟成员在联盟合作过程中心理感受和动机将直接影响着成员企业在合作过程中是否会产生机会主义行为和冲突行为,而影响联盟的正常合作。联盟成员有强烈的动机竞争获取更多的收益,因此在联盟行为破缺的情况下,将非常容易导致联盟成员最终收益未能达到预期或者面临利益分配不均的收益破缺。而联盟的收益破缺将会影响到紧接其后阶段的联盟成员合作心理,由于利益分配的不均或者联盟合作未能实现预期目标,将导致下一阶段联盟合作的心理破缺。

根据联盟"心理—行为"破缺机制的回归分析结果,联盟心理破缺中满意破缺对联盟机会主义破缺和冲突破缺都有显著的正向影响($\beta = 0.158^{***}$,$\beta = 0.214^{***}$);联盟信任破缺对联盟机会主义破缺和冲突破缺也有显著的正向影响($\beta = 0.504^{***}$,$\beta = 0.539^{***}$)。表明联盟合作过程中,成员企业之间合作的满意度和信任度的缺失将直接导致联盟成员在机会主义利益和私人利益的驱使下产生背叛行为和机会主义行为,因此,企业战略联盟合作过程中联盟内部的信息沟通及共享机制、信任机制的构建显得尤为重要。联盟合作过程中,成员企业心理上循例收益、完美收益、货币损失、精神损失之间相互作用,影响联盟成员的监督行为和冲突行为。

根据联盟"行为—收益"破缺机制的回归分析结果,联盟机会主义破缺和冲突破缺对联盟绩效破缺呈显著正向影响($\beta=0.188^{***}$,$\beta=0.490^{***}$),联盟机会主义破缺冲突破缺对联盟分配破缺的影响均不显著。说明联盟合作中基于机会主义收益的行为背叛以及冲突行为,将直接影响到联盟目标能否顺利实现,发生的机会主义行为和冲突行为越严重,联盟预期目标越是难以实现。因此,联盟内部激励监督机制、协调沟通机制对联盟合作发展有非常重要的影响。联盟行为破缺将影响联盟收益破缺,联盟成员对合作伙伴的监督行为和冲突行为之间的相互作用,影响联盟的收益边界。

根据联盟"收益—心理"破缺机制的回归分析结果,联盟绩效破缺对联盟满意破缺和信任破缺呈显著正向影响($\beta=0.436^{***}$,$\beta=0.470^{***}$),而联盟分配破缺对联盟满意破缺和信任破缺的影响均不显著。由此可见,联盟预期目标的实现对联盟成员之间后继合作过程中的满意度和彼此的信任感有着非常重要的影响。因此,联盟合作期的目标绩效考核及评估对联盟后续合作的影响重大。联盟预期收益、私人收益、机会收益、共同收益之间的相互作用,将影响联盟成员持续合作的心理状态。

综合联盟"收益—心理"破缺机制和联盟"行为—收益"破缺机制的分析结果中,涉及收益破缺中一阶变量分配破缺的回归分析结果均不显著,表明联盟合作中关于利益分配破缺要素的相对独立性,而这也基本符合现实中企业通过合同或协议的缔结来构建企业战略联盟,体现了合同或协议的事前性以及其不完全性。

因此,联盟破缺机制中,联盟心理、行为和收益破缺主要沿着"联盟心理破缺→联盟行为破缺→联盟收益破缺→联盟心理破缺"的路径环环相扣、相互迭代、共同演进的过程,在机制的迭代过程中,不同破缺要素相互影响,共同作用于联盟进程,影响联盟的演化。

9.1.2　关于互补作用

联盟演化机制中心理破缺、行为破缺和收益破缺之间的交互项对联盟演化的假设检验结果显示,仅有联盟心理破缺和收益破缺的交互项在联盟演化速度中边缘显著,且仅影响到联盟演化速度,关于两者互补作用的假设只得到很弱的支持。或许是因为两类破缺之间的相互影响比较复杂,一方面,互补作用的发挥受到行为破缺以及诸多其他情境因素的影响,另一方面,研究中二阶破缺变量与一阶破缺变量的层次划分,导致变量之间关系的交叉和复杂。因此,还需要更为细致的研究设计才能检验其作用效果。从上文的分析中可知,联盟收益破缺对联盟演化产生影响作用的是联盟利益分配破缺,主要由构建联盟事前所缔结合同的不完全性以及联盟利益分配机制的不甚合理所导致,联盟行为破缺和收益破缺的交互项因此未能产生显著影响;而根据联盟"收益—心理"破缺机制的回归分析结果,联盟收益破缺将影响联盟后继合作的心理破缺,包括联盟利益分配机制的不合理,未能实现联盟预期目标等,都将导致联盟在下阶段合作过程中对伙伴企业产生不满意和不信任的问题。总之,三类联盟破缺之间的相互影响较为复杂,有待后续研究进行更为详细和深入的探讨。

联盟破缺机制中,满意破缺和信任破缺的交互项对机会主义破缺和冲突破缺的影响,机会主义破缺和冲突破缺的交互项对绩效破缺和分配破缺的影响,绩效破缺和分配破缺的交互项对满意破缺和信任破缺的影响均不显著,关于心理破缺、行为破缺和收益破缺下一阶变量的互补作用的假设都没有得到支持。或许是因为三类破缺的一阶破缺变量所产生的原因有较大差异,不同破缺变量要实现对二阶破缺变量的较好支持,必须建立在联盟运营满足一定限制条件的基础上。因此,企业战略联盟在运营过程中,在联盟破缺导致联盟演化及不稳定问题时,需要对联盟结构、合同关系等进行大幅度的修正和重整,而这一举措往往代价高昂,联盟结构及合同的调整需要沟通和协调多方的相关利益,甚至可能对企业战略联盟的合作带来极大的负面影响,从而导致联盟的解体。由此,三类破缺下的一阶破缺变量的互补作用的发挥受到很多限制,导致在企业战略联盟合作过程中,这种互补作用产生的效果可能是很微弱的。同样,这一问题也有待后续研究进行更为详细深入的探讨。

9.1.3 关于调节作用

根据回归分析结果,显著(含边缘显著)的调节作用如表 9.2 所示。

表 9.2 显著及边缘显著的调节作用

被调节的路径关系	调节变量及调节方向		
收益破缺→演化速度	满意破缺:-	冲突破缺:-	空间状态:-
收益破缺→演化幅度	满意破缺:-	冲突破缺:-	空间状态:(-) 资源状态:(-)
心理破缺→演化速度	分配破缺:(-)	资源状态:+(R)	
心理破缺→演化方向	机会主义破缺:+	冲突破缺:-	分配破缺:- 信息状态:(-)
行为破缺→演化速度	满意破缺:-	信任破缺:+	分配破缺:-
行为破缺→演化幅度	满意破缺:(-)		
行为破缺→演化方向	信息状态:(+)(R)		

注:+代表正向显著($p < 0.05$ 或 $p < 0.01$);-代表负向显著($p < 0.05$ 或 $p < 0.01$);(+)代表正向边缘显著($p < 0.1$);(-)代表负向边缘显著($p < 0.1$);(R)代表调节方向与预期相反。

1. 联盟破缺的相互调节作用

联盟破缺调节作用的回归分析过程中,发现心理破缺和行为破缺二阶破缺变量在联盟收益破缺和联盟演化影响关系中的调节作用并不能显著表现,因此研究直接采用一阶破缺变量分别分析其对联盟心理破缺、行为破缺、收益破缺与联盟演化关系的调节作用。

(1) 收益破缺与联盟演化关系的路径。

由回归分析结果可知,联盟满意破缺在收益破缺对演化速度和幅度的影响中具有显著的调节作用($\beta = -0.201$，$\beta = -0.150$)，联盟冲突破缺在收益破缺对演化速度和幅度的影响中具有显著的调节作用($\beta = -0.166$，$\beta = -0.216$)，而信任破缺和机会主义破缺的调节作用却不显著，从而可以理解心理和行为二阶破缺变量调节作用不显著的原因。联盟心理满意破缺和行为冲突破缺调节作用的方向基本与理论预期一致：由于联盟心理破缺、行为破缺和收益破缺三者破缺机制的存在，联盟满意破缺和冲突破缺某种程度上可以直接对联盟演化产生影响，因此削弱了联盟收益破缺对联盟演化的作用和影响。在现实战略联盟合作过程中，由于成员企业对联盟收益的契约参考点心理感知、对联盟收益的价值参考点心理感知导致的满意破缺都将直接造成联盟内部结构和管理团队的调整和变化；而成员企业由于触及合作伙伴核心利益的有意或无意的过失行为，将导致联盟成员之间的冲突，进而影响联盟内部结构的稳定性，导致联盟成员企业的退出，以及联盟业务和管理团队的动荡。这些联盟破缺要素的调节作用中只有满意破缺和冲突破缺显著，可能是因为不同的联盟演化维度强调联盟破缺的不同方面，从而在一定程度上增强或削弱了联盟破缺要素的调节作用。

（2）心理破缺与联盟演化关系的路径。

由回归分析结果可知，联盟机会主义破缺对联盟心理破缺与联盟演化方向关系有显著的正向调节作用($\beta = 0.229$)，联盟心理破缺将影响联盟合作的顺利进行，导致联盟稳定性问题，而机会主义破缺等隐性的机会主义行为将强化心理破缺对联盟稳定性或者联盟演化进程的影响作用。

联盟冲突破缺对联盟心理破缺与联盟演化方向关系的影响边缘显著($\beta = -0.196$)，联盟心理破缺对联盟演化方向的影响主要体现在对联盟的隐性作用，而冲突破缺作为成员企业之间业已发生的显性行为，将直接产生对联盟稳定性或演化进程方向的影响，因此其降低了联盟心理破缺与联盟演化方向的影响。另一方面，也说明联盟的冲突行为将导致联盟发展过程中发生众多纠纷问题，难以调整联盟演化的方向。

联盟分配破缺对心理破缺与联盟演化速度关系的有边缘显著负向影响（$\beta=-0.104$），对心理破缺与联盟演化方向关系有显著负向影响（$\beta=-0.117$），联盟分配破缺产生于联盟利益分配机制的不公平或不合理，根据上文联盟破缺与联盟演化直接作用关系的检验，联盟的分配破缺是影响联盟演化的主要要素，因此联盟分配破缺由于对联盟演化直接作用影响的存在，而削弱了联盟心理破缺与联盟演化的关系。

（3）行为破缺与联盟演化关系的路径。

由回归分析结果可知，联盟满意破缺对联盟行为破缺与联盟演化速度的关系有显著的负向影响（$\beta=-0.185$），联盟成员对合作的满意度将影响联盟机会主义行为对联盟演化速度和幅度的作用效果，当联盟满意破缺程度越高，即对联盟合作越不满意时，由于联盟行为破缺对联盟演化速度有负向影响，因此，将削弱联盟企业的机会主义行为和冲突行为对联盟结构改变、联盟业绩变化、联盟管理层及员工变动的影响，即由于满意破缺而加快联盟的演化速度；而联盟满意破缺对联盟行为破缺与联盟演化幅度的关系有边缘显著的负向影响（$\beta=-0.115$），表示在联盟行为破缺对联盟演化幅度正向作用的同时，联盟成员之间由于对合作状态的满意度问题，而导致联盟结构调整、新技术采用、员工流动等变化难以开展，弱化了行为破缺对联盟演化幅度的影响。

联盟信任破缺对联盟行为破缺与联盟演化速度的关系有显著的正向影响（$\beta=0.141$），现实中，联盟之间机会主义行为和冲突行为对联盟演化速度造成了减缓的同时，由于成员之间缺乏信任，而导致联盟内对有关问题协议难以达成统一，或者解决方案难以得到贯彻落实，联盟内部改革由于信任缺失而面临极大的阻力，可见，联盟内成员之间信任机制的重要性。

联盟分配破缺对联盟行为破缺与联盟演化速度的关系有显著的负向影响（$\beta=-0.126$），联盟分配破缺事关联盟成员企业所获利益，因此将导致联盟演化的不稳定性，在联盟行为破缺与联盟演化速度的关系中，联盟分配破缺将导致联盟关系的恶化,而联盟行为破缺对联盟演化速度有负向显著影响,因此,联盟分配破缺在某种程度上就会削弱或抵消联盟行为破缺对联盟演化速度的负向影响,而导致联盟演化速度加快。

综合而言,联盟破缺的调节作用在实证检验中表现基本一致,但是不同破缺要素调节作用的显著性差异反映了一种匹配关系:不同联盟演化维度需要通过不同的联盟破缺要素来调节联盟破缺与联盟演化的关系。且通过联盟破缺相互调节作用的检验,可以发现联盟破缺与联盟演化关系中联盟的收益破缺(分配破缺)对联盟演化有着主要的作用,验证了联盟演化直接作用机制的检验中,联盟收益破缺作为影响联盟演化的主效应的结论。

2. 联盟状态的调节作用

由表 9.2 知,战略联盟合作状态的不同维度在联盟心理破缺、行为破缺和收益破缺和联盟演化影响关系中有不同程度的调节作用。

对于联盟合作时间状态而言,对联盟破缺与联盟演化的关系没有明显的调节作用,这可能是因为我们所采集到的样本较少,统计规律不明显;也可能是因为联盟大多选择长期以来有过合作或保持合作的企业进行合作,联盟合作时间状态对企业结盟的影响较小,即与其他状态相比,联盟破缺对联盟演化的影响受时间状态的调节作用较小。但是联盟合作时间状态对联盟演化方向可产生直接影响,即表明联盟成员仍然会倾向于有着良好声誉,并且有过良好合作关系的伙伴企业进行合作结成联盟。

对于联盟合作空间状态而言,空间状态对联盟收益破缺与联盟演化速度和幅度的关系中调节作用显著($\beta = -0.188$,$\beta = -0.113$),表明成员间空间距离在全球化背景下仍然是影响联盟合作和发展的重要影响因素,联盟成员企业空间距离的远近影响着联盟收益破缺与联盟演化速度和幅度的关系,而对联盟演化发展的方向不存在显著影响。联盟成员空间距离是影响联盟稳定合作及联盟发展程度的外部环境因素,联盟成员企业距离越近,将越能方便实现有效沟通和业务合作,从而削弱联盟收益破缺对联盟结构、联盟管理团队、联盟业务绩效等的影响程度。

对于联盟合作资源投入而言,联盟成员资源投入对联盟心理破缺与联盟速度的关系中调节作用呈正向显著($\beta=0.155$),联盟合作资源投入的调节作用的影响方向与预期的相反,根据回归分析结果,表明联盟成员资源投入的增多,加强了联盟心理破缺与联盟演化速度之间的关系,即联盟成员为联盟运营投入越多的资源,产生的沉没成本也就越大,将导致联盟成员越在乎合作伙伴之间的关系,基于投入成本和收益的考量,成员企业对联盟关系也就变得越敏感,放大了联盟合作过程中成员的心理感知,从而影响联盟的演化。联盟合作资源对联盟收益破缺与联盟演化幅度之间关系的调节作用呈边缘负向显著($\beta=-0.111$),表明在联盟收益破缺与联盟演化幅度关系中收益破缺的影响占绝对主导作用,联盟合作资源投入的调节作用并不明显,联盟合作资源投入仅稍微弱化了收益破缺对联盟演化幅度的影响,说明了资源投入越多,将在某种程度上有效缓和联盟成员之间的矛盾和冲突;另外,联盟成员投入沉没成本越大,联盟结构越臃肿,联盟演化发展过程中越是难以发生改变,这也解释了为何现实中联盟企业发现了联盟运营过程中出现的各种问题,而无法有效解决和改变局面的原因。

对于联盟合作信息沟通而言,联盟成员信息沟通对联盟心理破缺与联盟演化方向之间关系的调节作用呈负向边缘显著($\beta=-0.139^*$),表明联盟成员信息沟通对联盟心理破缺与联盟演化方向之间的调节作用并不明显,但是联盟之间信息沟通可以稍微弱化联盟心理破缺对联盟演化方向的影响。说明联盟内信息的沟通和共享可以有效地降低联盟内成员之间的不满意度和不信任度,有利于降低心理破缺效应,现实中,成员企业之间彼此的信息沟通和共享机制将有效地促进联盟内成员企业保持长期合作和业务的开展,因此在一定程度上有利于联盟的稳定运营。联盟成员信息沟通对联盟行为破缺与联盟演化方向之间关系的调节作用呈正向边缘显著($\beta=0.137$),其调节作用的方向与理论预期相反,表明联盟成员信息沟通将促进联盟行为破缺对联盟演化方向的影响,由于联盟合约设计的不完全性以及联盟监督运行机制的不完善,联盟内部存在较多潜在矛盾和冲突,而在成员之间的信息沟通将会导致联盟成员间的行为破缺及其联盟内矛盾激化和显性化,因此,此时更多的冲突和矛盾信息的了解将导致联盟成员之间的合作更加不稳定,甚至导致战略联盟的解体。

对于联盟合作能力而言,联盟合作能力状态对联盟破缺与联盟演化关系的调节作用并不明显,或许是因为相对于联盟破缺和演化而言,联盟企业合作能力的高低只关乎联盟运营的绩效,联盟心理破缺、行为破缺和收益破缺受联盟企业能力影响力度较弱;另外,样本容量不高也在一定程度上影响了统计检验效能,可能导致不能区分出联盟合作企业能力对联盟破缺与联盟演化关系的调节作用。

表 9.2 中,战略联盟合作状态有六项显著(或边缘显著)的调节作用,其中四项的调节方向符合理论预期,两项的调节方向与预期相反。综合看来,战略联盟状态的调节作用在样本中表现并不十分显著,导致这种情况的可能原因在于:一方面本项研究的侧重点主要聚焦于联盟破缺机制的探索;另一方面,联盟合作状态、联盟破缺和联盟演化的匹配关系复杂,三者关系的概念模型需要更系统深入地构建。总体而言,本项研究所关注的调节变量,从联盟破缺机制到联盟合作状态的不同维度在对联盟演化影响作用中呈现出不同且较为复杂的调节效果。本研究的理论预期和补充解释只是初步的,这些调节关系仍有待后续研究进一步探讨。

9.1.4　整合模型

归纳关于直接作用、互补作用和调节作用的研究结果,可得如图 6.1 所示的整合模型。这些模型较为完整地表达了本项研究的主要作用机制。图 6.1 中绘出了全部的直接作用路径,但为简明起见,只绘出了显著及边缘显著的互补作用和调节作用路径。图中以"+"代表正向显著及边缘显著的作用;"一"代表负向显著及边缘显著的作用。

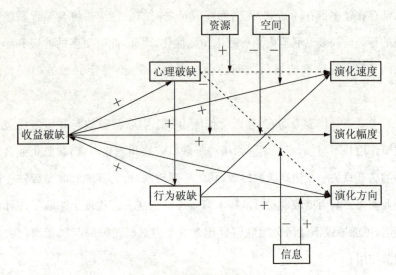

图 9.1　联盟演化的整合模型

9.2　研究结果与既有文献的关系

关于企业战略联盟自发性对称破缺的探索性研究既有文献还不多见，主要是本项目研究小组在此之前的一些研究成果。

尽管既有文献通过理论演绎、模型推导、计算机仿真的方法分析了战略联盟演化过程中的对称破缺机制，以及联盟破缺与联盟演化之间的理论关系，并呼吁对此进行实证检验（高杲、徐飞，2011），但本项研究属于首次对该领域联盟破缺机制及其对联盟演化的研究进行实证检验研究。本书通过对我国企业战略联盟演化的实证研究，为战略联盟自发性对称破缺机制提供了初步的实证证据，也发现了一些不同的结果，丰富了该领域的文献。

既有文献对联盟合作满意度（徐碧琳、李涛，2011）、联盟成员之间的信任（潘镇和李晏墅，2008；张自立、李向阳和张紫琼，2008）、成员之间的冲突（刘国新和闫俊周，2009）、机会主义行为（何宾，2009）、收益分配（李彤和张强，2010）

等问题及其对联盟演化的影响进行了不少研究,但其没有将影响联盟稳定性和联盟演化要素综合起来,以系统观视角分析其内在作用机制及其与联盟演化之间的关系。本项研究从心理、行为和收益等方面将影响联盟演化的要素归类为联盟心理破缺、行为破缺和收益破缺,深入探讨三类破缺内在作用机制及其对联盟演化之间的关系。本研究实证结果的理论含义更为明确且更具一致性,这对该领域的文献形成了补充和完善。

关于三类联盟对称破缺之间的关系,尚无一致结论。一些理论和实证研究间接地支持了破缺要素之间相关关系的存在(秦玮、徐飞,2011),而另一些实证研究却没有发现互补关系存在的证据。最近,基于数理逻辑模型的分析显示,心理破缺、行为破缺和收益破缺形成的内在破缺机制在一定的条件下成立。另外,研究还发现,在某些情况下,心理破缺和行为破缺对收益破缺与联盟演化关系存在微弱的调节作用,而在另一些情况下,调节作用不存在。这本身也为该议题补充了新的实证证据,为后续研究提供了一种参考。

既有文献对战略联盟合作空间距离位置因素对联盟合作的影响(曾庆洪、蓝海林,2009),联盟合作历史对联盟伙伴选择的影响(徐玮、杨占昌和韩永,2009),联盟合作中成员企业资源投入对联盟运营的影响(申红艳、胡斌,2012),联盟信息传递沟通机制的构建(高维和、黄沛和牛志勇,2009),联盟合作能力对联盟绩效和发展的影响(傅慧、朱雨薇,2012)等都分别作出了不少研究,而本项研究将战略联盟合作状态维度划分为时间、空间、资源、信息和能力五个方面综合起来考虑,在系统视角下探索不同维度在联盟破缺与联盟演化关系中的调节作用。这为该议题提供了初步的实证证据,为进一步的研究提供了基础。

既有文献对战略联盟演化从战略变化速度和变化幅度两个维度(刘海潮和李垣,2006;李军、关健和陈娟,2012)进行刻画,本项研究在此基础上,将联盟演化的维度扩展为联盟演化速度、演化幅度和演化方向三个维度进行刻画,增加联盟演化方向维度意在掌握联盟演化过程中的发展方向,以更深入了解联盟演化对联盟稳定性的影响。

9.3 研究结果对管理实践的意义

本项研究的分析结果显示了联盟心理破缺、行为破缺和收益破缺与联盟演化之间的关系，以及联盟合作状态对联盟演化的调节效应。根据实证分析的结果，可以发现：联盟心理破缺、行为破缺和收益破缺机制环环相扣，循环作用；不同破缺机制对联盟演化产生的影响也呈现差异；联盟合作状态不同维度对联盟破缺和联盟演化之间呈现不同调节作用。而联盟破缺机制的复杂性、合作状态的差异也可能会导致一部分作用效果将相互掩盖、淡化或抵消。因此，依据样本分析结果对所有企业战略联盟的管理实践进行指导，有如下的管理建议：

联盟心理破缺、行为破缺和收益破缺对联盟演化的作用机制，主要体现在联盟收益破缺的影响，联盟心理和行为破缺对联盟演化的影响均不及联盟收益破缺，亦即联盟收益破缺，尤其是联盟成员企业之间利益分配机制的不完善，是导致联盟演化程度和不稳定性的主要来源。因此，企业战略联盟合作演化过程中，主要还是联盟及其成员的共同收益、私人收益的影响，在企业战略联盟合同缔结显得非常重要，联盟企业必须为合作制定较为完善的合同，特别是针对联盟利益分配的条款，以尽量降低合同的不完全性以及由此产生的机会主义等行为。

联盟破缺机制包含了联盟"心理—行为"破缺机制、联盟"行为—收益"破缺机制和联盟"收益—行为"破缺机制，联盟合作过程成员企业的满意度和信任感影响着联盟合作过程中是否产生机会主义行为及成员之间的冲突，从而影响联盟整体绩效目标的实现和联盟成员的共同收益、私人收益及机会主义收益，而从联盟获得的收益回报又将再次影响联盟成员企业之间的合作心理及其追逐机会主义收益，发生机会主义行为的动机。因此，在联盟管理实践中，要注意加强联盟成员之间的沟通，以确保联盟合作过程的满意以及成员彼此的信任,从而有效规避由于联盟成员心理不满意或信任缺失而导致的联盟成员为了私人收益或机会主义收益而产生的利己的决策行为或机会主义行为,进而影响到最终联盟目标绩效的实现以及收益的合理分配。

如图 9.1 的整合模型所示,战略联盟合作状态所产生的调节作用较为复杂。联盟在合作过程中需要综合考虑这些调节机制,构造适合战略联盟稳定运营的环境。特别需要注意的是,一些调节变量只是在不同自变量存在的情况下才具有显著的调节作用,企业战略联盟需要在不同情况下选择当前最需要强化的作用路径,在增强这些路径作用效果的同时,又可能会以削弱其他路径的作用效果为代价。对此,联盟合作状态的调节需要进行权衡。

此外,资源状态和信息状态对联盟破缺与联盟演化关系的调节作用是相反的,表明联盟合作过程中,联盟企业一味地加强信息沟通和资源投入并不一定能够稳定联盟的运营和提高联盟运营绩效。因此,联盟应从自身的特定环境和背景出发,在不同的联盟目标导向下,选择适合的调节手段来应对联盟演化。

9.4　本章小结

综上所述,本章通过对前文实证分析假设检验的结果进行解释和讨论,解释了战略联盟破缺对联盟演化、联盟破缺机制的直接作用,以及联盟演化和破缺机制中其他主要破缺变量和战略联盟合作状态对联盟演化及破缺的互补和调节作用,并在此基础上,结合以往学者在战略联盟演化领域所作的研究,探讨了本研究对战略联盟管理实践的现实意义,以对战略联盟的稳定合作和发展提供一定的指导。

第10章 结论及展望

通过前文的论述和研究,本项研究主要围绕企业战略联盟的演化问题,从自发性对称破缺视角切入,阐释了战略联盟演化过程中的自发性对称破缺机制,及其与联盟演化的关系进行实证检验。本章对全书研究内容进行回顾和概括,阐明主要的研究结论及未来研究展望。

10.1 主要研究结论

既有研究成果给本项研究奠定了坚实的基础,在以往学者针对联盟演化和稳定性研究的基础上,全书基于系统科学的视角阐释联盟稳定性,提出战略联盟自发性对称破缺机制,系统地刻画战略联盟合作状态,并构建联盟破缺机制的逻辑分析框架,最后,通过实证分析对联盟破缺与联盟演化的关系进行了探索性检验。主要得出以下研究结论:

(1)基于非对称性合作视角,通过运用自然普遍原理,研究遵循自然演变规律的企业战略联盟的形成,从物质、信息、能量三个维度分析了企业战略联盟的非对称性质,系统地阐述战略联盟的形成动因,以及战略联盟稳定性的非对称作用机理;并由战略联盟合作发展的稳定性问题转向战略联盟的动态演变,运用自然界演化发展的最普遍、最基本的原理——对称破缺——来研究战略联盟系统的演变,结合现实中企业战略联盟发展演化的实际情况,通过建立基于马尔科夫过程的联盟状态随机转换模型,深入分析企业战略联盟在演变过程中自发性对称破缺机制,以预测企业战略联盟合作发展过程中的稳定性。

(2) 将影响战略联盟演化和稳定性的要素归纳为三类破缺:联盟心理破缺、行为破缺和收益破缺,且三类破缺环环相扣,循环影响。并在此基础上开发了联盟心理破缺、行为破缺和收益破缺实证检验的量表,得出联盟心理破缺对联盟行为破缺有显著的正向影响,联盟行为破缺对联盟收益破缺有显著正向影响,联盟收益破缺对联盟心理破缺有显著正向影响。因此,基于"动机—行为—绩效"的分析范式,实证检验了本研究所提出的联盟演化的"心理—行为—收益"的分析范式,三类破缺的作用机制主要表现为"联盟心理破缺→联盟行为破缺→联盟收益破缺→联盟心理破缺"的路径。

(3) 联盟破缺对联盟演化的作用机制中,心理破缺对联盟演化不同维度无显著影响,行为破缺对联盟演化速度和方向有(边缘)显著影响,对联盟演化方向无显著影响,联盟收益破缺对联盟演化速度、演化幅度和演化方向均有显著影响。联盟心理破缺、行为破缺和收益破缺三者交互项对联盟演化的影响大多不显著。同时,联盟心理破缺的满意破缺对联盟收益破缺与联盟演化速度和幅度之间关系存在显著调节作用;联盟行为破缺的冲突破缺对联盟收益破缺与联盟演化速度和幅度之间关系存在显著调节作用。因此,通过联盟演化机制的实证分析,得出在战略联盟合作发展过程中,联盟的收益破缺及其产生的一系列问题是导致联盟不稳定以及联盟演化方向和程度的主要因素。

(4) 联盟合作状态对联盟破缺与联盟演化关系部分存在显著调节作用,联盟合作空间状态对联盟收益破缺与联盟演化速度和幅度关系中有负向的调节作用;联盟资源投入对联盟收益破缺与联盟演化幅度关系中有显著的负向调节作用,而在联盟心理破缺与联盟演化速度关系中有显著的正向调节作用;联盟成员信息沟通对联盟心理破缺与联盟演化方向关系中有显著的负向调节作用,而联盟成员信息沟通对联盟行为破缺与联盟演化方向关系中的正向调节作用呈边缘显著。战略联盟合作状态对联盟破缺与联盟演化关系的调节作用存在差异，即在不同联盟合作状态维度下：起作用的破缺类别不同；同一调节变量所调节的路径关系有不同；同一调节变量对不同破缺与联盟演化关系的调节方向也不同。

虽然本研究结合理论和实证对联盟破缺机制及其与联盟演化的关系进行了系统的检验和分析，也得出了一系列相关结论，基本达到了预期的研究目标。但是由于所研究问题的复杂性以及原创性，本项研究属于在该研究领域的一次探索性研究的初步阶段，因此，在研究的过程以及结论方面还存在许多不足，有待后续的研究进一步完善和拓展。

10.2　研究展望

然而，围绕本项研究的重点——战略联盟演化的自发性对称破缺机制，尽管本研究定性阐释了战略联盟演化的自发性对称破缺机制，也通过实证分析探索性地检验了联盟破缺破机制及其对联盟演化的影响，但理论上仍然存在一些需要解决的问题，留待以后作进一步的深入研究，具体如下：

(1) 关于对称破缺的动力源泉和实现途径，"非线性是对称破缺的动力源泉"，以及"自组织和自然选择是对称破缺的实现途径"。鉴于对称性破缺和系统稳定性之间的思想渊源，从本质上讲，对战略联盟这种复杂社会经济系统而言，战略联盟演化"对称破缺"的动力源泉和实现途径的战略联盟中的非线性和自组织作用机理，是后续研究将重点关注的方向。

(2) 我们需要在深入挖掘相关文献，尤其是近年的最新文献的基础上，总结出战略联盟状态稳定性和结构性稳定性的主要影响因素（特别是影响战略联盟结构稳定性的内部因素和外部环境因素），及其对联盟演化的影响，从而为针对战略联盟的进一步定性和定量研究作好铺垫。

(3) 为了对战略联盟稳定性及演化强弱程度进行准确衡量，可以借鉴已有的系统科学建模方法。而如何建立描述战略联盟状态稳定性和结构稳定性演化的系统科学模型，以定量地反映出战略联盟稳定性和演化程度的强弱，以及联盟状态变化的临界条件，将是值得进一步研究的方向。

（4）研究战略联盟演化问题的最终目的是完善联盟的治理，以提高战略联盟合作模式的绩效。因此，有必要通过对战略联盟稳定性"对称破缺"问题的深入研究，研究战略联盟不同层次（局部和整体）系统的治理机制及其与联盟绩效的关系，从而进一步提出提高战略联盟绩效的针对性措施。

参考文献

[1] Axelord, R.The Evolution of Cooperation[M]. New York: Basic Books, 1984.

[2] Barney J.Firm Resourees and Sustained Competitive Advantage[J]. Journal of Management, 1991, 17:99—120.

[3] Barney J.Hansen M.H.Trustworthiness as a Source of Competitive Advantage [J]. Strategic Management Journal, 1994, 15:175—190.

[4] Becker G.M., Mcclintock C.G.Value: Behavioral Decision Theory[J]. Annual Review of Psychology, 1967, 18:239—286.

[5] Bronner Rolf, Mellewigt Thomas. Formation and Failure of Strategic Alliances in the Telecommunication Industry[J]. Schmalenbach Business Review, 2001, 53(4):354.

[6] Cramton C.D. The Mutual Knowledge Problem and Its Consequences for Dispersed Collaboration[J]. Organization Science, 2001, 12(3):346—371.

[7] Cullen J.B., Johnson J.L., Sakano T.Success through commitment and trust: The soft side of strategic alliance management[J]. Journal of World Business, 2000, 35(3):223—240.

[8] Das T.K., Kumar R.Learning dynamics in the alliance development process [J]. Management Decision, 2007, 45(4):684—707.

[9] Das T.K.Strategic alliance temporalities and partner opportunism[J]. British Journal of Management, 2006, 17(1):1—21.

[10] Das T. K., Teng B. S. Partner analysis and alliance performance[J].

Scandinavian Journal of Management, 2003, 26(1):279—308.

[11] Das T.K., Teng B.S.Resource and Risk Management in the Strategic Alliance Making Process[J]. Journal of Management, 1998, 24(1):21—42.

[12] Das T.K., Teng B.S., Managing Risks in Strategic Alliances[J]. Academy of Management Executive, 1999, 13(4):50—62.

[13] Das T.K., Teng B.S. A Resource-Based Theory of Strategic Alliances[J]. Journal of Management, 2000, 26(1):31—61.

[14] Das T.K., Teng B.S.Instabilities of strategic alliances. An internal tensions perspective[J]. Organization Science, 2000, 11(1):77—101.

[15] Das T.K., Teng B.S.Relational risk and its personal correlates in strategic alliances[J]. Journal of Business and Psychology, 2001, 15(3):449—465.

[16] Das T.K., Teng B.S. The Dynamics of alliance conditions in the alliance development process[J]. Journal of Management Studies, 2002, 39(5):725—746.

[17] Das T.K., Teng B.S. Trust, control, and risk in strategic alliances: an integrated framework[J]. Organization Studies, 2001, 22(2):251—283.

[18] Eisenhardt Kathleen M., Schoonhoven Claudia Bird. Resource-based View of Strategic Alliance Formation: Strategic and Social Effects in Entrepreneurial Firms[J]. Organization Science, 1996, 7(2):136—150.

[19] Flores-Fillol Ricardo, Moner-Colonques, Rafael. Strategic Formation of Airline Alliances[J]. Journal of Transport Economics & Policy, 2007, 41(3): 427—449.

[20] Gander J., Haberberg A., Rieple A. A paradox of alliance management: resource contamination in the recorded music industry[J]. Journal of Organizational Behavior, 2007, 28(5):607—624.

[21] Gimeno J.Competition within and between networks: the contingent Effect of competitive embeddedness on alliance formation[J]. Academy of Management Journal, 2004, 47(6):820—842.

[22] Glaister K.W., Buckley P.J.Strategic motives for international alliance formation[J]. Journal of Management Studies, 1996, 33(3):301—332.

[23] Gulati R. Alliances and networks[J]. Strategic Management Journal, 1998, 19:293—317.

[24] Gulati R.Does familiarity breeds trust? The implications of repeated ties for contractual choice in alliances[J]. Academy of Management Journal, 1995, 38(1):85—112.

[25] Hambrick D.C.Environment, Strategy, and Power within Top Management Teams[J], Administrative Science Quarterly, 1981, 26(2):253—275.

[26] Hamel G.Competition for competence and interpartner learning within international strategic alliances[J]. Strategic Management Journal, 1991, 12:83—103.

[27] Hart O., Holmstrom B.A theory of firm scope[J]. Quarterly Journal of Economics, 2010, 125(2):483—513.

[28] Hart O., Moore J.Contracts as reference points[J]. Quarterly Journal of Economics, 2008, 123(1):1—48.

[29] Hennart, J.F. The Transaction Costs Theory of Joint Ventures: An Empirical Study of Japanese Subsidiaries in the United States[J], Management Science, 1991, 37:483—497.

[30] Hoang H., Rothaermel F.T. The Effect of General and Partner-Specific Alliance Experience on Joint R&D Project Performance[J]. Academy of Management Journal, 2005, 48(2):332—345.

[31] Inkpen A.C., Beamish P.W.Knowledge, bargaining power, and the instability of international joint ventures[J]. Academy Management Review, 1997, 22(1):177—202.

[32] Inkpen A.C.A note on the dynamics of learning alliances: competition, cooperation, and relative scope[J]. Strategic Management Journal, 2000, 21(7):775—779.

[33] Ireland R.D., Hitt M.A., Vaidyanath D.Alliance management as a source of competitive advantage[J]. Journal of Management, 2002, 28(3):413—446.

[34] Jiang X., Li,Y., Gao S.X. The stability of strategic alliances: Characteristics, factors and stages[J]. Journal of International Management, 2008, 14(2):173—189.

[35] Kale P., Dyer J.H., Singh H.Alliance Capability, Stock Market Response, and Long-term Alliance Success: the Role of the Alliance Function[J]. Strategic Management Journal, 2002, 23(8):747—767.

[36] Kale P., Singh H., Perlmutter, H.Learning and Protection of Proprietary Assets in Strategic Alliances: Building Relational Capital[J]. Strategic Management Journal, 2000, 21(3):217—237.

[37] Katila R., Rosenberger J.D., Eisenhardt, K.M.Swimming with sharks: Technology ventures, defense mechanisms and corporate relationships[J]. Administrative Science Quarterly, 2008, 53(2):295—332.

[38] Khanna T., Gulati R., Nohria N. The Dynamics of Learning Alliances Competition, Cooperation, and Relative Scope[J]. Strategic Management Journal, 1998, 19(3):193—210.

[39] Khanna T. The scope of alliances[J]. Organization Science, 1998, 9(3): 340—355.

[40] Kogut B.Joint ventures: theoretical and empirical perspectives[J]. Strategic Management Journal, 1988, 9:319—332.

[41] Koza M. P., Lewin A. Y. Managing Partnerships and Strategic Alliances: Raising the Odds of Success[J]. European Management Journal, 2000, 18(2):146—151.

[42] Lavie D., Lechner C., Singh H. The Performance Implications of Timing of Entry and Involvement in Multipartner Alliances[J]. Academy of Management Journal, 2007, 50(3):578—604.

[43] Li D., Eden L., Hitt MA., et al. Friends, Acquaintances, or Strangers? Partner Selection in R&D Alliances[J]. Academy of Management Journal, 2008, 51(2):315—334.

[44] Lunnan R., Haugland S.A.Predicting and Measuring Alliance Performance: A Multidimensional Analysis[J]. Strategic Management Journal, 2008, 29(5): 545—556.

[45] Luo X., Rindfleisch A., Tse D.K.Working with rivals: The impact of competitor alliances on financial performance[J]. Journal of Marketing Research, 2007, 44(1):73—83.

[46] Luo Y.D. How Important Are Shared Perceptions of Procedural Justice in Cooperative Alliances[J]. Academy of Management Journal, 2005, 48(4): 695—709.

[47] Luo Y.D. The Independent And Interactive Roles Of Procedural, Distributive, And Interactional Justice In Strategic Alliances[J]. Academy of Management Journal, 2007, 50(3):644—664.

[48] Michod R.E., Nedelcu A.M., Moya A., et al. In Evolution: from Molecules to Ecosystems[M]. Oxford: Oxford University Press, 2003.

[49] Nielsen Bo Bernhard. An Empirical Investigation of the Drivers of International Strategic Alliance Formation[J]. European Management Journal, 2003, 21(3): 301—322.

[50] O'Farrell P.N., Wood P.A.Formation of Strategic Alliances in Business Services: Towards a New Client-Oriented Conceptual Framework[J]. Service Industries Journal, 1999, 19(1):133—151.

[51] Pansiri Jaloni. Strategic Motives for Alliance Formation in the Travel Sector of Tourism[J]. International Journal of Hospitality & Tourism Administration, 2009, 10(2):143—173.

[52] Park S.H., Chen R., Gallagher S.Firm Resources as Moderators of the Relationship between Market Growth and Strategic Alliances in Semiconductor Start-ups[J]. Academy of Management Journal, 2002, 45(3):527—545.

[53] Park S.H., Russo M.V.When Competition Eclipses Cooperation: An Event History Analysis of Joint Venture Failure[J]. Management Science, 1996, 42(6):875—890.

[54] Park S.H., Zhou D.S.Firm Heterogeneity and Competitive Dynamics in Alliance Formation[J]. Academy of Management Review, 2005, 30(3):531—554.

[55] Parkhe, Arvind. Strategic alliance structuring: a game theoretic and transaction cost ecamination of interfirm cooperation[J]. Academy of Management Journal, 1993, 36(4):794—829.

[56] Parry M.E., Song M., Spekman R.E.Task Conflict, Integrative Potential, and Conflict Management Strategies in Joint Ventures[J]. IEEE Transactions on Engineering Management, 2008, 55(2):201—218.

[57] Parvinen P., Tikkanen H.Incentive Asymmetries in the Mergers and Acquisitions Process[J]. Journal of Management Studies, 2007, 44(5):759—787.

[58] Patzelt H., Shepherd, D.A., The Decision to Persist with Underperforming

Alliances: The Role of Trust and Control[J]. Journal of Management Studies, 2008, 45(7):1217—1243.

[59] Peng M.W., Shenkar, O.Joint Venture Dissolution as Corporate Divorce[J]. Academy of Management Executive, 2002, 16(2):92—105.

[60] Pennings J.M.E., Smidts A.The Shape of Utility Functions and Organizational Behavior[J]. Management Science, 2003, 49(9):1251—1263.

[61] Perks H., Easton G.Strategic Alliances: Partner as Customer[J]. Industrial Marketing Management, 2000, 29(4):327—338.

[62] Pfaff D.W., Kavaliers M., Choleris E.Mechanisms Underlying an Ability to Behave Ethically[J]. American Journal of Bioethics, 2008, 8(5):10—19.

[63] Saffu Kojo; Mamman, Aminu. Strategic Motives for International Alliance Formation: The Case of Australian Universities. International Journal of Management[J]. 2000, 17(3):303—310.

[64] Stanovich K.E., West R.F.Individual differences in reasoning: Implications for the rationality debate[J]. Behavioral and Brain Sciences, 2000, 23(5):645.

[65] Todeva E., Knoke D.Stratigic alliance and models of collaboration[J]. Management Decision, 2003, 43(1):123—148.

[66] Verspagen B., Duysters G. The small world of strategic technology alliances [J]. Technovation, 2004, 24(7):563—571.

[67] Vlaar P.W.L., Van den Bosch F.A.J., Volberda H.W.Towards a dialectic perspective on formalization in interorganizational relationships: How alliance managers capitalize on the duality inherent in contracts, rules and procedures [J]. Organization Studies, 2007, 28(4):437—466.

[68] Wang R.W., Ridley J., Sun B.F., et al. Interference competition and high temperature reduce the virulence of fig wasps and stabilize a fig-wasp mutualism[J]. PLoS ONE, 2009, 4(11):e7802.

[69] Wang Yue, Nicholas, Stephen. The formation and evolution of non-equity strategic alliances in China[J]. Asia Pacific Journal of Management, 2007, 24 (2):131—150.

[70] White S., Lui S.S.Y. Distinguishing costs of cooperation and control in alliances[J]. Strategic Management Journal, 2005, 26(10):913—932.

[71] Williamson, O.E., The economic institutions of capitalism: Firms, markets, relational contracting[M]. New York: The Free Press, 1985.

[72] Yan A., Zeng M.International joint venture instability: A critique of previous research, a reconceptualization, and directions for future research[J]. Journal of International Business Studies, 1999, 30:397—414.

[73] Yasuda, Hiroshi. Formation of strategic alliances in high-technology industries: comparative study of the resource-based theory and the transaction-cost theory[J]. Technovation, 2005, 25(7):763—770. Yin X.L., Shanley M. Industry Determinants of the "Merger Versus Alliance" Decision[J]. Academy of Management Review, 2008, 33(2):473—491.

[74] Zeng M., Chen X.Achieving Cooperation in Multiparty Alliances: A Social Dilemma Approach to Partnership Management[J]. Academy of Management Review, 2003, 28(4):587—605.

[75] 蔡继荣.战略联盟稳定性机理及联盟治理研究[D].四川:西南交通大学.2006.

[76] 蔡继荣,胡培.基于合作溢出的战略联盟不稳定性研究[J].中国管理科学, 2005, 13(4):142—148.

[77] 陈菲琼,范良聪.基于合作与竞争的战略联盟稳定性分析[J].管理世界,2007, 7:102—110.

[78] 陈雪梅,孟卫东,胡大江.国际战略联盟类型选择的演化博弈分析[J].科技进步与对策,2009, 26(16):6—9.

[79] 陈雪梅,孟卫东,谢非,胡大江.国际战略联盟伙伴关系的演化博弈分析[J].科技管理研究,2008, 4:116—117.

[80] 单泪源,彭忆.战略联盟的稳定性分析[J].管理工程学报.2000, 14(3):76—79.

[81] 邓锐,徐飞.产学研联盟动因和形成机理的博弈分析[J].上海管理科学,2007, 3:10—12.

[82] 董广茂,李垣,廖貅武.学习联盟中防范机会主义机制的博弈分析[J].系统工程,2006, 24(4):35—39.

[83] 杜文忠.区域产业结构演进的马尔科夫过程[J].数学的实践与认识,2006, 36(12):108—112.

[84] 冯进.数学发展中的对称破缺及其作用[J].科学技术哲学研究,2009, 26(6): 77—83.

［85］傅慧,朱雨薇.联盟管理能力与联盟绩效:基于关系资本的视角[J].软科学,
　　　2012,26(6):92—96.

［86］高杲,徐飞.战略联盟高失败率的研究现状与展望[J].现代管理科学,2009,
　　　(12):5—9.

［87］高杲,徐飞.企业战略联盟中的不确定性研究[J].价格理论与实践,2009(3):
　　　60—61.

［88］高杲,徐飞.企业战略联盟的演化机制——基于自发性对称破缺视角[M].上
　　　海:上海交通大学出版社,2012.

［89］高金余,陈翔.马尔可夫切换模型及其在中国股市中的应用[J].中国管理科
　　　学,2007,15(6):20—25.

［90］高嵩.非对称战略联盟网络中的机会主义研究[D].北京:北京邮电大学,2009.

［91］高维和,黄沛,牛志勇.基于信息传递机会主义行为的渠道联盟分析[J].系统
　　　管理学报,2009,18(5):506—510.

［92］葛笑春.企业与非营利组织的战略联盟:协同网络及其竞争优势研究[D].浙
　　　江:浙江大学,2010.

［93］桂萍,谢科范.盟主—成员型战略联盟的利润分配[J].管理工程学报,2005,
　　　19(2):30—32.

［94］郭焱,张世英,郭彬,冷永刚.战略联盟契约风险对策研究[J].中国管理科学,
　　　2004,12(4):105—11.

［95］郭志刚.社会统计分析方法——SPSS软件应用[M].北京:中国人民大学出版
　　　社,1999.

［96］韩斌.企业战略联盟自组织演化机制研究[D].哈尔滨:哈尔滨工程大学,2008.

［97］何宾.技术联盟中机会主义行为的内外部成本构设及其意涵——基于策略行
　　　为演化的视角[J].科学学与科学技术管理,2009,10:151—156.

［98］黑格尔著,朱光潜译.美学[M].北京:商务印书馆,1981.

［99］洪军,陈森发,张建坤.企业联盟模式演化的系统学思考[J].生产力研究,
　　　2004,4:70—74.

［100］侯杰泰,温忠麟,成子娟著.结构方程模型及其应用[M].北京:教育科学出版
　　　社,2004.

［101］黄芳铭著.结构方程模式:理论与应用[M].北京:中国税务出版社,2005.

［102］黄俊,杨伯,白硕.动态能力与联盟绩效:理论与实证[J].经济管理,2008,

30(10):36—40.

[103] 黄深泽.心理预期对战略联盟稳定性的影响[J].科技与管理,2005,7(4):67—69.

[104] 惠龙,覃正,张烨霞.一种基于过程的动态联盟技术创新系统组织结构及决策机制[J].科学管理研究,2004,22(2):14—17.

[105] 贾生华,吴波,王承哲.资源依赖、关系治理对联盟绩效影响的实证研究[J].科学学研究,2007,25(2):334—339.

[106] 江旭,高山行,李垣.战略联盟的范围、治理与稳定性间关系的实证研究[J].管理工程学报,2009,2:1—6.

[107] 克劳斯·美因策.对称与复杂——非线性科学的魂与美(影印版)[M].北京:科学出版社,2007.

[108] 黎群.航空公司战略联盟的经济动因分析[J].管理工程学报,2005,19(2):99—103.

[109] 李嘉明,甘慧.基于协同学理论的产学研联盟演化机制研究[J].科研管理,2009,30:166—173.

[110] 李军,关健,陈娟.组织学习、动态能力与企业战略变化关系的实证研究[J].软科学,2012,26(3):57—63.

[111] 李彤,张强.基于不满意度的 Selectope 解集研究以及在企业联盟收益分配中的应用[J].中国管理科学,2010,18(3):112—116.

[112] 李伟.企业组织行为特征对技术联盟绩效的影响研究[D].武汉:华中科技大学,2010.

[113] 李伟,聂鸣,李顺才.影响技术联盟绩效的企业组织行为特征研究[J].中国软科学,2009,7:124—134.

[114] 李雪松.环境不确定性对知识管理战略实施效果的影响[D].重庆:重庆大学,2009.

[115] 李永锋.合作创新战略联盟中企业间相互信任问题的实证研究[D].上海:复旦大学,2006.

[116] 李玉剑,宣国良.战略联盟的资源基础理论实证研究[J].情报科学,2005,7:23(7):961—965.

[117] 李垣,刘益,冯珩.不同驱动与控制下的战略变化速度与幅度研究[J].管理工程学报,2005,19(2):6—11.

[118] 李政道.展望 21 世纪科学发展前景[A].21 世纪 100 个科学难题[M].长春:吉林人民出版社,1998,6:1—13.

[119] 李政道.对称与不对称[M].北京:清华大学出版社,2000 年.

[120] 刘国新,闫俊周.产学研战略联盟的冲突模型分析[J].科技管理研究,2009,9:417—420.

[121] 刘海潮.不同战略变化路径下冗余资源的角色差异性——基于竞争视角的研究[J].科学学与科学技术管理,2011,32(1):110—115.

[122] 刘海潮,李垣.竞争压力、战略变化、企业绩效间的结构关系——我国转型经济背景下的研究[J].管理学报,2008,5(2):282—287.

[123] 刘海潮,李垣.企业战略变化有效性的环境相对性标准——一个综合的实证观点[J].管理科学学学报,2009,12(4):35—41.

[124] 刘海潮,李垣.转型经济背景下竞争压力变化对企业战略变化的影响[J].管理工程学报,2006,20(1):7—11.

[125] 刘衡,王龙伟,李垣.竞合理论研究前沿探析[J].外国经济与管理,2009,31(9):1—9.

[126] 刘怀德,胡汉辉.合作、成员个数与企业集团的稳定性[J].管理世界,2002,4:93—100.

[127] 刘建清.战略联盟:资源学说的解释[J].中国软科学,2002,5:48—53.

[128] 龙勇,李薇.竞争性双寡头的联盟绩效研究[J].中国管理科学,2007,15(5):119—125.

[129] 龙勇,张留金.竞争性联盟中资源投入差异对合作效应的实证研究[J].软科学,2009,23(7):6—11.

[130] 陆瑾.基于演化博弈论的知识联盟动态复杂性分析[J].财经科学,2006,3:54—61.

[131] 罗必良,吴忠培,王玉蓉.企业战略联盟:稳定性及其缓解机制[J].经济理论与经济管理,2004,5:33—37.

[132] 骆品亮,殷华祥.标准竞争的主导性预期与联盟及福利效应分析[J].管理科学学报,2009,12(6):1—11.

[133] 苗东升.系统科学精要(第 3 版)[M].北京:中国人民大学出版社,2010.

[134] 潘旭明.战略联盟的信任机制:基于社会网络的视角[J].财经科学,2006,5:50—56.

[135] 潘镇,李晏墅.联盟中的信任———项中国情景下的实证研究[J].中国工业经济,2008, 4:44—54.

[136] 祁红梅,黄瑞华.知识型动态联盟信任缺失与对策研究[J].研究与发展管理,2005, 17(1):55—59.

[137] 钱学森,于景元,戴汝为.一个科学新领域——开放的复杂系统及其方法论[J].自然杂志,1990(1):5—12.

[138] 秦玮,徐飞.产学联盟绩效的影响因素分析:一个基于动机和行为视角的整合模型[J].科学学与科学技术管理,2011, 32(6):12—18.

[139] 秦玮,徐飞,宋波.研发联盟合作伙伴行为演化博弈分析——吸收能力的视角[J].工业工程与管理,2011, 16(6):16—20.

[140] 任旭.基于社会交易理论的企业战略联盟演变机理研究[D].北京:北京交通大学,2007.

[141] 申红艳,胡斌.移动商务产业联盟协同创新中的资源投入研究[J].工业工程与管理,2012, 17(1):75—83.

[142] 石磊,王瑞武.合作行为的非对称性演化[J].中国科学:生命科学,2010, 40(1):62—72.

[143] 史占中.企业战略联盟[M].上海:上海财经大学出版社,2001.

[144] 舒成利,高山行.专利竞赛中企业 R&D 投资策略研究:马尔科夫链的视角[J].管理工程学报,2009, 23(4):37—41.

[145] 宋波,傅元章,史占中.战略性新兴产业公私合作制培育模式分析:基于混合组织的视角[J].中国科技论坛,2013, 3:77—81.

[146] 宋波,黄静.非对称性合作视角下战略联盟的稳定性分析——基于鹰鸽博弈模型[J].软科学,2013, 27(2):28—31.

[147] 宋波,徐飞.基于马尔科夫状态转换的战略联盟自发性对称破缺机制[J].系统管理学报,2013, 22(1):85—90.

[148] 宋波,徐飞,陈慕桦.非对称性视角下企业战略联盟的形成动因[J].现代管理科学,2012, 11:6—8.

[149] 宋波,徐飞.厂商中间层理论视角下动态联盟的成因分析[J].现代管理科学,2009, 3:14—16.

[150] 宋波,徐飞."盟主—成员型"联盟合作伙伴选择的羊群行为分析[J].工业工程与管理,2008, 13(4):32—37.

[151] 宋波,徐飞.联盟稳定性的静态贝叶斯博弈分析[J].上海交通大学学报(自然科学版),2009, 43(9):1373—1376.

[152] 宋波,徐飞,伍青生.企业战略管理理论研究的若干前沿问题[J].上海管理科学,2011, 33(3):43—51.

[153] 苏中锋,谢恩,李垣.基于不同动机的联盟控制方式选择及其对联盟绩效的影响——中国企业联盟的实证分析[J].2007, 10(5):4—11.

[154] 隋波,薛惠锋.战略技术联盟成因的新视角[J].科学管理研究,2005,23(2):69—71.

[155] 孙爱英,刘海潮,李垣.战略变化理论阐释评述[J].科研管理,2004,25(6):133—140.

[156] 孙东川,林福永.系统工程引论[M].北京:清华大学出版社,2004.

[157] 谭璐,姜璐.系统科学导论[M].北京:北京师范大学出版社,2009.

[158] 王斌.基于知识转移的战略联盟伙伴关系动态演化机理研究[J].研究与发展管理,2009, 21(4):84—90.

[159] 王德胜.作为方法的对称和非对称[J].自然辩证法研究,2002(6):10—14.

[160] 王方华,徐飞.赢利模式 3.0:变革时期的竞合[M].北京:机械工业出版社,2009.

[161] 王飞绒.基于组织间学习的技术联盟与企业创新绩效关系研究[D].浙江:浙江大学,2008.

[162] 王凤彬,刘松博.战略联盟中的风险及其控制——一种基于资源观的分析[J],管理评论,2005, 17(6):50—54.

[163] 王菁娜,韩德昌.基于知识吸收能力视角的学习型战略联盟成因探析[J].科学管理研究,2007, 25(1):69—72.

[164] 王明贤.企业竞争性战略联盟系统演化机理研究[D].河北:燕山大学,2010.

[165] 王瑞武,贺军州,王亚强等.非对称性有利于合作行为的演化[J].中国科学:生命科学.2010, 40(8):758—764.

[166] 王珊珊,田金信,唐宇.基于 R&D 联盟发展演化特点的管理体系优化研究[J].科学学与科学技术管理,2010, 3:56—60.

[167] 汪涛,李天林,徐金发.基于资源观的战略联盟动因综论[J].科研管理,2000,21(6):68—74.

[168] 王文清.生命起源问题[A].孙小礼.现代科学的哲学争论[C].北京:北京大学出版社,2003.312.

[169] 王旭,王振锋,邢乐斌,代应.基于信用监管与防范的战略联盟演化博弈[J].系统工程,2008,26(12):37—39.

[170] 魏然.企业集团跨国 R&D 战略联盟的成因、途径及对策[J].中国软科学,2000,9:84—87.

[171] 温忠麟,侯杰泰,马什赫伯特.结构方程模型检验:拟合指数与卡方准则[J].心理学报,2004,36(2):186—194.

[172] 温忠麟,侯杰泰,马什赫伯特.潜变量交互效应分析方法[J].心理科学进展,2003,11(5):593—599.

[173] 吴海滨,李垣,谢恩.基于组织互动和个人关系的联盟演化模型[J].科研管理,2004,25(1):55—60.

[174] 武杰,李润珍.对称破缺的系统学诠释[J].科学技术哲学研究,2009,26(6):30—37.

[175] 武杰,李润珍,程守华.对称性破缺创造了现象世界:自然界演化发展的一条基本原理[J].科学技术与辩证法,2008(3):62—67.

[176] 巫景飞.企业战略联盟动因的一项探索性研究[J].求索,2007,6:77—79.

[177] 吴明隆.问卷统计分析实务——SPSS 操作与应用[M].重庆:重庆大学出版社,2010.

[178] 吴全德.对称、反对称、对称破缺[J].科学中国人,2005,7:70—75

[179] 熊学兵.基于耗散结构理论的知识管理系统演化机理研究[J].中国科技论坛,2010,4:108—112.

[180] 徐飞.战略管理[M].北京:中国人民大学出版社.2009.

[181] 徐飞,高隆昌.二象对偶空间与管理学二象论——管理科学基础探索[M].北京:科学出版社,2005.

[182] 徐飞,译.弗雷德·戴维.战略管理:概念与案例(第 13 版,全球版)[M].北京:中国人民大学出版社,2012.

[183] 徐飞,路琳译,肯·史密斯,迈克尔·希特主编,管理学中的伟大思想—经典理论的开发历程[M],北京:北京大学出版社,2010.

[184] 徐玮,杨占昌,韩永.多盟友战略联盟合作伙伴的信用度模型研究[J].统计与

决策,2009，16:54—55.

[185] 徐小三,赵顺龙.知识视角的技术联盟的形成动因研究[J].中国科技论坛,
2010，12:99—104.

[186] 徐岩,胡斌,钱任.基于随机演化博弈的战略联盟稳定性分析和仿真[J].系统
工程理论与实践,2011，31(5):920—926.

[187] 严建援,徐斌.跨组织信息系统对合作组织之间关系的影响[J].中国软科学,
2005，3:117—125.

[188] 杨得前,严广乐,李红.产学研合作中的机会主义及其治理[J].科学学与科学
技术管理,2006，27(9):38—41.

[189] 余海若.解读"对称破缺"的真谛——2008年诺贝尔物理学奖[J].知识就是力
量,2008，11:17.

[190] 余江,方新,韩雪.通信产品标准竞争中的企业联盟动因分析[J].科研管理,
2004，25(1):129—132.

[191] 曾德明,彭盾,陈春晖.高技术企业协作 R&D 网络与技术标准联盟契合动因
分析[J].软科学,2008，22(9):31—35.

[192] 曾庆洪,蓝海林.战略联盟的绩效影响因素研究:一个基于规模联盟和范围联
盟的理论框架[J].科学学与科学技术管理,2009，4:141—145.

[193] 张虎,胡淑兰.马尔可夫转换模型的极大似然估计的算法[J].统计与决策,
2011，330(6):26—27.

[194] 张坚.企业技术联盟的自组织演化模型[J].系统工程,2006，24(5):57—60.

[195] 张娜,黄新飞,刘云.跨国公司在华 R&D 战略联盟动因及其影响的经济学分
析[J].经济体制改革,2006，1:57—61.

[196] 张青山,游明忠.企业动态联盟的协调机制[J].中国管理科学,2003，11(2):
96—100.

[197] 张树义,雷星晖,李晓龙.从网络战略联盟到战略联盟网络:企业战略联盟的
演进路径及其对我国企业的启示[J].管理评论,2006，18(8):33—39.

[198] 张先国,杨建梅.战略联盟演化过程的动力模型[J].经济管理,2003，16:
35—39.

[199] 张自立,李向阳,张紫琼.基于资源投入的技术联盟外企业获取联盟信任的策
略研究[J].科学学研究,2009，26(2):411—415.

[200] 赵昌平,葛卫华.战略联盟中的机会主义及其防御策略[J].科学学与科学技术
管理,2003, 10:114—117.

[201] 赵亮.沉没成本的决策相关性研究[J].数量经济技术经济研究,2003, 8:
445—46.

[202] 赵晓飞.动态联盟稳定性研究——基于不对称信息下心理预期分析模型[J].
中国管理科学,2007, 15:511—515.

附 录

調研问卷

企业战略联盟演化机制实证调研问卷

尊敬的女士/先生：

您好！本次调查依托于徐飞教授主持的国家自然科学基金项目，旨在探讨我国企业战略联盟发展、演变的内部机理，了解影响企业战略联盟绩效及演化机制的相关因素。素仰贵公司对学术研究的热心支持，恳请您拨冗协助填答本问卷的各个题项，请勿遗漏。先行感谢您对我们企业管理研究工作的支持和帮助！

本次问卷调查完全用于学术研究目的，不涉及贵公司的商业机密，更不会对外公开发表或用于商业目的。我们承诺对收集的全部信息予以严格保密，请您根据实际情况,填写或选定最符合贵公司联盟情况的选项。您所提供的真实完整的信息对我们研究和管理实践都具有重要意义。如果您希望得到该研究成果,我们非常乐意与您分享,请留下您的通讯地址或电子邮件地址。是以,衷心感谢您的协助,期盼您完成问卷后尽速回传。

　　顺颂商祺! 祝贵公司发展一帆风顺! 您大展鸿图!

徐　飞

为了便于您完成问卷,请注意:

◆ 所谓战略联盟,是指两个或两个以上的企业或跨国公司为了达到共同的战略目标而采取的相互合作、共担风险、共享利益的行动,这种行动使有关企业得以发展并建立一种相对稳固的合作伙伴关系。

◆ 战略联盟的类型包括:合资、相互持股、技术开发联盟、OEM 协议、合作生产联盟、市场营销与服务联盟、特许经营、多层次合作联盟等。

◆ 请根据贵公司与联盟伙伴之间合作的实际情况,选择您赞同或不赞同这些表述的程度,并在相应的表格里的数字上打√。右侧刻度上的数字表示:

1—强烈不赞同　2—不赞同　3—不确定　4—赞同　5—强烈赞同

一、您个人的基本信息(请在所选答案的方框内打√或填空)

1. 您的姓名:＿＿＿＿＿＿(可不填)

2. 性别:□男　□女

3. 您在该公司就职时间:

□1 年以内　□1—5 年　□5—10 年　□10 年以上

4. 您的职位级别:

□CEO/总裁　□高层管理者　□中层管理者　□基层管理者　□一般员工

5. 您的工作内容:

□战略规划 □行政/人事 □财务 □生产/服务运营 □营销 □研发
□其他

6. 您是否希望获取一份调研报告:

□是(电子邮件:)_____ □否

二、贵公司的基本信息(请在所选答案的方框内打✓或填空)

1. 贵公司位于:_____(省)_____(市)

□长三角地区 □珠三角地区 □环渤海经济区 □中西部地区 □东北
地区

2. 贵公司的所有制性质:

□国有/国有控股 □民营 □外商独资(含港澳台) □中外合资
□其他____

3. 贵公司成立年限:

□1 年以下 □1—5 年 □5—10 年 □10—15 年 □15 年以上

4. 贵公司的正式员工总人数:(近三年平均数)

□100 人及以下 □101—500 人 □501—1 000 人 □1 001—5 000 人
□5 000 人以上

5. 贵公司的企业注册资金_____(单位:万元人民币)

6. 贵公司在 2010 年底的资产总额(单位:元人民币)

□50 万及以下 □50—100 万 □100—500 万 □500—1 000 万
□1 000—5 000 万 □5 000 万—1 亿 □1 亿以上

7. 贵公司的核心业务主要涉及范围:

□本省市 □本省及周边地区 □全国 □全球

8. 贵公司主营业务所属行业:

□农林牧渔业 □采矿业 □制造业 □电力、热力和燃气及水供应业

□建筑业　□批发和零售业　□交通运输、仓储物流业　□住宿和餐饮业
□信息传输、软件和信息技术服务业　□金融保险业　□房地产业　□租
赁和商务服务业　□其他_____

9. 公司名称(说明:该问题不是用来记录贵公司或您个人的真实身份,只是为
了识别来自同一家公司的问卷,公司名称不会用于其他任何分析。为了保
证本研究的科学性,恳请您务必配合。)

　贵公司全称是(请填写):_____

_____

请您回忆并选定其中一家曾与贵公司联盟的重要合作伙伴,根据贵公司和联
盟伙伴合作的实际情况,回答以下问题。

_____

三、企业战略联盟合作信息(请在所选答案的方框内打√或填空)

(一)联盟伙伴的基本信息

1. 联盟伙伴企业位于:_____(省)_____(市)
　□长三角地区　□珠三角地区　□环渤海经济区　□中西部地区
　□东北地区

2. 联盟伙伴企业的员工人数:(近三年平均数)
　□100 人及以下　□101—500 人　□501—1 000 人　□1 001—5 000 人
　□5 000 人以上

3. 联盟合作采取的主要形式:
　□合资　□相互持股　□技术开发　□OEM 协议　□合作生产
　□营销和服务　□特许经营　□其他_____

4. 联盟伙伴企业的所有制性质:
　□国有/国有控股　□民营　□外商独资(含港澳台)　□中外合资
　□其他____

5. 联盟合作伙伴所属行业：

□农林牧渔业　□采矿业　□制造业　□电力、热力和燃气及水供应业

□建筑业　□批发和零售业　□交通运输、仓储物流业　□住宿和餐饮业

□信息传输、软件和信息技术服务业　□金融保险业　□房地产业

□租赁和商务服务业　□其他_____

四、企业战略联盟合作状态(请在所选答案的数值上打√)

(一) 时间

	强烈不赞同		不确定		强烈赞同
1. 我们公司倾向于与曾经有过良好合作的伙伴建立联盟	1	2	3	4	5
2. 我们公司与联盟伙伴结成联盟前曾有过良好的合作关系	1	2	3	4	5
3. 我们公司与联盟伙伴结成联盟前仍保持良好的业务往来	1	2	3	4	5
4. 我们公司对联盟伙伴的声誉有良好的印象	1	2	3	4	5
5. 此项联盟合作的持续时间(实际发生或预期)很长	1	2	3	4	5

(二) 空间

	强烈不赞同		不确定		强烈赞同
6. 我们公司倾向于与近距离的企业建立联盟	1	2	3	4	5
7. 我们公司与联盟伙伴之间所处的地理位置距离很近	1	2	3	4	5
8. 我们公司的联盟合作得到当地区域政策的大力支持	1	2	3	4	5

(三) 资源

	强烈不赞同		不确定		强烈赞同
9. 此项联盟合作的总投资规模很大	1	2	3	4	5
10. 我们公司向联盟投入了大量的物质资源	1	2	3	4	5
11. 联盟伙伴企业向联盟投入了大量的物质资源	1	2	3	4	5
12. 联盟运营获得了足够的资源	1	2	3	4	5
13. 我们公司还为联盟投入了很多其他资源	1	2	3	4	5
14. 联盟伙伴企业还为联盟投入了很多其他资源	1	2	3	4	5

(四) 信息

	强烈不赞同		不确定		强烈赞同
15. 我们与联盟伙伴存在正式的信息沟通渠道	1	2	3	4	5
16. 我们与联盟伙伴存在非正式沟通渠道,如私下聚会交流	1	2	3	4	5
17. 我们与联盟伙伴之间的信息交流时间很充分	1	2	3	4	5
18. 我们与联盟伙伴交流沟通内容很全面	1	2	3	4	5
19. 我们与联盟伙伴之间沟通协调做到了公平、公正、公开	1	2	3	4	5
20. 信息的沟通有效解决了我们与联盟伙伴之间的冲突矛盾	1	2	3	4	5
21. 我们与联盟伙伴的企业文化能够相互融合	1	2	3	4	5

（五）能力

	强烈不赞同		不确定		强烈赞同
22. 我们公司有着丰富的合作和联盟经验	1	2	3	4	5
23. 联盟关系有利于本公司建立竞争优势	1	2	3	4	5
24. 我们公司在联盟中处于主导地位	1	2	3	4	5
25. 我们公司提供给联盟合作所必要的技术或市场能力	1	2	3	4	5
26. 联盟伙伴提供给联盟合作所必要的技术或市场能力	1	2	3	4	5
27. 联盟合作企业的能力在有些方面是互补的	1	2	3	4	5
28. 我们公司从合作伙伴处获得互补的技术能力或市场能力	1	2	3	4	5
29. 我们公司和联盟伙伴对合作项目有充分的前期准备工作	1	2	3	4	5
30. 联盟对合作项目的相关人员进行了必要的培训	1	2	3	4	5

五、心理感受（请在所选答案的数值上打✓）

（一）合作满意度

	强烈不赞同		不确定		强烈赞同
1. 联盟合作的进展过程令人满意	1	2	3	4	5
2. 联盟成员企业高层非常重视该联盟关系	1	2	3	4	5
3. 联盟成员希望联盟关系继续维持下去	1	2	3	4	5
4. 联盟成员有共同的目标和愿景	1	2	3	4	5
5. 我们公司想要在联盟中处于核心主导地位	1	2	3	4	5
6. 我们公司和联盟伙伴不存在文化差异的问题	1	2	3	4	5
7. 预期能从未来的合作中取得令双方满意的成绩	1	2	3	4	5

（二）相互信任

	强烈不赞同		不确定		强烈赞同
8. 联盟伙伴企业没有在合作中遵守约定和承诺	1	2	3	4	5
9. 联盟伙伴企业未能完成合作协议中所承诺的任务	1	2	3	4	5
10. 联盟伙伴企业没有顾及我们公司的利益	1	2	3	4	5
11. 联盟伙伴企业没有公平公正地对待我们企业	1	2	3	4	5
12. 联盟伙伴企业只对其自己的利益感兴趣	1	2	3	4	5
13. 联盟伙伴企业不够正直、诚实	1	2	3	4	5
14. 我们公司并不是一味地赞同伙伴企业的决策	1	2	3	4	5
15. 市场上能够提供合作伙伴类似资源或能力的其他企业不多	1	2	3	4	5
16. 我们公司很依赖于联盟伙伴企业	1	2	3	4	5
17. 我们公司很难找到其他类似的合作伙伴	1	2	3	4	5
18. 失去这个联盟伙伴企业我们将损失惨重	1	2	3	4	5

六、联盟行为(请在所选答案的数值上打√)

(一) 伙伴的机会主义行为

	强烈不赞同		不确定		强烈赞同
1. 联盟伙伴企业的业务往来没有受到严密监督	1	2	3	4	5
2. 联盟伙伴隐瞒了对我们不利的信息	1	2	3	4	5
3. 联盟伙伴利用了我们未注意或不了解的地方	1	2	3	4	5
4. 联盟伙伴在未经我们允许的情况下利用我们企业的信息	1	2	3	4	5
5. 我们公司无法通过合同有力约束合作方的行为	1	2	3	4	5

(二) 伙伴间冲突行为

	强烈不赞同		不确定		强烈赞同
6. 联盟合作关系不融洽,员工合作不成功	1	2	3	4	5
7. 联盟合作过程中我们与伙伴之间经常发生冲突	1	2	3	4	5
8. 联盟合作中我们与伙伴之间的冲突没有得到有效解决	1	2	3	4	5
9. 联盟合作过程中我们与伙伴之间发生冲突的持续时间很长	1	2	3	4	5
10. 联盟合作过程中我们与伙伴之间发生冲突的损失很大	1	2	3	4	5

七、利益分配(请在所选答案的数值上打√)

(一) 合作绩效

	强烈不赞同		不确定		强烈赞同
1. 总体而言我们公司对联盟合作并不满意	1	2	3	4	5
2. 联盟合作没有实现最初设定的总体目标	1	2	3	4	5
3. 联盟合作没有提高我们公司的盈利能力	1	2	3	4	5
4. 联盟合作没有扩大我们公司的市场份额	1	2	3	4	5
5. 我们公司没有获得所需的技能和专长	1	2	3	4	5
6. 我们通过联盟合作没有取得超过竞争者的能力和竞争优势	1	2	3	4	5
7. 我们与联盟企业之间没有建立起平等互利的长久关系	1	2	3	4	5

(二) 利益分配

	强烈不赞同		不确定		强烈赞同
8. 我们公司对联盟的整体收益很不满意	1	2	3	4	5
9. 我们公司未能获得比未进行合作时更高的利益	1	2	3	4	5
10. 联盟内没有建立公平有效的收益分配机制	1	2	3	4	5
11. 实际收益分配与我们预期的收益分配之间存在很大差距	1	2	3	4	5
12. 我们企业承担的风险和获得的收益不成正比	1	2	3	4	5
13. 我们公司在联盟中实际承担的风险比预期要大	1	2	3	4	5
14. 对可能影响彼此利益的决策,双方没有相互协调解决	1	2	3	4	5

八、联盟演变(请在所选答案的数值上打✓)

(一) 变化频率

	强烈不赞同		不确定		强烈赞同
1. 合作过程中,生产与经营所采用技术的变化更新很快	1	2	3	4	5
2. 合作过程中,企业高管团队的变动频繁	1	2	3	4	5
3. 合作过程中,业务的营业额或市场份额变动很不稳定	1	2	3	4	5
4. 合作过程中,联盟经常修订战略决策	1	2	3	4	5
5. 合作过程中,企业涉及合作业务的支持政策变动频繁	1	2	3	4	5
6. 合作过程中,经常有新的企业加入或合作企业退出的情况	1	2	3	4	5
7. 合作过程中,联盟结构经常发生变化	1	2	3	4	5

(二) 变化程度

	强烈不赞同		不确定		强烈赞同
8. 合作过程中,涉及业务所采用技术的变化更新非常大	1	2	3	4	5
9. 合作过程中,出现高管团队领导班子大面积调动	1	2	3	4	5
10. 合作过程中,参与联盟合作的员工规模变化很大	1	2	3	4	5
11. 合作过程中,联盟合作业务需要追加资源投入	1	2	3	4	5
12. 合作过程中,企业对涉及合作业务的支持政策变动较大	1	2	3	4	5
13. 合作过程中,出现企业发展方向和目标的转移	1	2	3	4	5
14. 合作过程中,联盟企业深入地参与了供应链上下游的运营	1	2	3	4	5
15. 合作过程中,新加入和退出联盟的企业数目很大	1	2	3	4	5
16. 合作过程中,联盟结构发生了很大的变化	1	2	3	4	5

(三) 进程方向

	强烈不赞同		不确定		强烈赞同
17. 我们都希望维持这种联盟合作关系	1	2	3	4	5
18. 我们认为合作伙伴是一个重要的商业伙伴	1	2	3	4	5
19. 企业高管与合作企业的高管之间建立了个人友谊	1	2	3	4	5
20. 我们很愿意与联盟伙伴企业结成长期合作伙伴关系	1	2	3	4	5
21. 联盟企业愿意着眼于长期利益,而不计较短期得失	1	2	3	4	5
22. 联盟企业都愿意投入更多的资源建立更好的合作关系	1	2	3	4	5
23. 联盟伙伴企业之间的合作越来越有成效	1	2	3	4	5

本次调查到此结束,请检查是否有遗漏的问题,非常感谢您的支持和参与!

图书在版编目(CIP)数据

战略联盟稳定性、破缺性与演化实证/宋波,徐飞
著.—上海:格致出版社:上海人民出版社,2014
ISBN 978-7-5432-2348-6

Ⅰ.①战… Ⅱ.①宋… ②徐… Ⅲ.①企业管理-经
济合作-研究 Ⅳ.①F273.7

中国版本图书馆 CIP 数据核字(2014)第 031253 号

责任编辑　彭　琳
装帧设计　路　静

战略联盟稳定性、破缺性与演化实证

宋波　徐飞　著

出　版	世纪出版股份有限公司　格致出版社	印　刷	上海市印刷十厂有限公司
	世纪出版集团　上海人民出版社	开　本	787×1092　1/16
	(200001　上海福建中路 193 号　www.ewen.cc)	印　张	13.75
	编辑部热线　021-63914988	插　页	2
	市场部热线　021-63914081	字　数	181,000
	www.hibooks.cn	版　次	2014 年 6 月第 1 版
发　行	上海世纪出版股份有限公司发行中心	印　次	2014 年 6 月第 1 次印刷

ISBN 978-7-5432-2348-6/F·714　　　　　　　　　　　　　　定价:38.00 元